沙发图书馆

大唐孔雀

薛涛和文青的中唐

寇研 著

北京大学出版社
PEKING UNIVERSITY PRESS

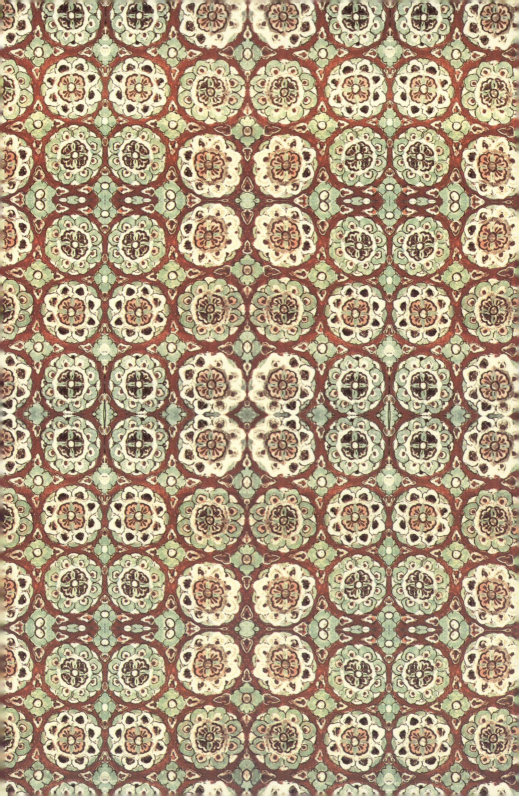

目 录

才女，也可以不作 / 1

一　少女，开始太早结束太快 / 1

二　孔雀，金鸟笼中的孔雀 / 19

三　武人的成都，云来梦去 / 63

四　最文艺的时光 / 81

五　唯一的爱过 / 113

六　最后的水国，命中的断舍 / 151

七　只有诗，陪她到年华尽头 / 181

主要参考书目 / 213

才女,也可以不作

这两年,"萧红"是一个关注度颇高的名字,微博、名家专栏经常提及,有的分析她的作品,但更多的人都在可劲挖掘她的私生活,还拍了以她为主角的电影《黄金时代》——给人的感觉是,关于张爱玲,从作品到私生活,似乎能扒的东西全都扒了,现在再没更多能惊爆眼球的料,于是转移目标,轮到萧红了。萧红有个显见的优势,她和张爱玲一样,笼罩在"民国"这个神奇的似乎能变废为宝的黄金时代的光晕下。

民国才女确有很多,除了上述两位,还有李香兰、张幼仪、黄逸梵、苏青等一批卓越女性。奇妙的是,读者对这类才女的兴趣远不如前者持久,比如李香兰,要不是新近去世,恐怕知道她的人并不多,或者她让人好奇的部分原因,还来自她和张爱玲那张拧巴的合影,再比如苏青,她所获得的小范围关注,恐怕也主要因为她是张爱玲的朋友。这类才女有个共同特点:她们的生活看起来更正常、更励志,性格中没那么多神经质的成分,没那么多"自我"需要呵护,适应性更强,更懂得如何与世界周旋,也正因如此,她们作为正常的才女努力生活、工作的人生,少了一些戏剧性,也就少了看点。

接过张爱玲的接力棒,萧红继续了才女人生的戏剧性这个主题,在她短暂的三十余年的生命中,除了写作,的确折腾出了一些事。私奔、怀孕、被弃、生子、孩子送人、家暴、远赴日本、复合、离婚，其间穿插着生活的磨难、身体的病痛以及各种歇斯底里情绪的发作，似乎她不愿，也没有能力平静地活着。萧红临终绝笔："平生尽遭白眼冷遇……身先死，不甘！不甘！"当年读到，心有戚戚，待我过了30岁，明白自己性格的边界，也摸索出一套自己人生的规则，撇去时代的原因，萧红给她人生制造的种种混乱，她的折腾，她的作，我已经很难去同情。

这也是我极为崇敬唐代女诗人薛涛的原因。

薛涛，16岁被西川最高行政长官韦皋召入幕府，侍酒赋诗，因为触怒长官和时局的动荡，两次被罚边充作营伎，既而被释、脱籍，以及与元稹发生的那场面目狰狞的爱情。薛涛前半生的际遇，可说与很多才女没有两样，才貌双全，经历坎坷，遇人不淑，爱情无望。

但薛涛人生最耀眼的篇章是在她30岁以后。她侨居浣花溪畔，制笺、写诗，既是节度使幕府酒宴的常客，也是众多文人雅集争相宴请的贵宾。韦皋时期，众多文人的诗歌意象中，都将薛涛与韦幕豢养的孔雀相提并论，一句话，在西川节度使幕府这个男性精英的集结地，男人们想要薛涛扮演的就是孔雀一样的角色：开开屏、卖卖萌。但薛涛在默然的坚守中，悄然反转了这一角色，实现了从幕府交际花到幕僚的转型。

薛涛流传下来的那些社交场合的应酬诗歌，无论是献给节度使大人的颂扬之诗，还是幕僚、诗友间的唱和，永远无媚态，无雌气，不卑

才女，
也可以不作

不亢。从16岁到52岁，薛涛长住成都，一生经历六代皇帝，十一任西川节度使，赢得了武元衡、李德裕、段文昌等众多节度使的尊重。所以，她在晚年获得了为筹边楼这栋充满雄性色彩的军事建筑写诗的资格，所以，当她去世，段文昌为她亲题碑名："唐女校书薛洪度墓"，所以，张篷舟先生为薛涛的一生做这样的总结："故历届蜀镇欲悉前人治蜀筹边故事，以涛为可咨询之人，期亦见重于时之一因。"

与薛涛齐名的唐朝女诗人，还有李冶、鱼玄机，但唯有薛涛收获了人生的圆满，我在书里写道："李冶、鱼玄机的一生，都如闲云野鹤，脱略、风流、我行我素，她们以飞蛾扑火的速度，迅速成为传奇。但只有活得足够久，才能看清人生的脉络，来去、始终、起笔、收笔，历历在目。在暴力面前，李冶、鱼玄机均没有还手之力，终生混迹幕府的薛涛，比两人，都多出一份对时代的洞察力。"

是的，和鱼玄机们、萧红们相比，薛涛似乎少了些情趣，少了些孩子气，而在我们以男性视角为规范的审美传统中，我们似乎也更喜欢才女的作，多情、痴情、敏感、幽怨、柔弱，过度沉溺于自我，而那些像薛涛一样的才女，她们以才自拔，在每一个人生转折点拼劲全力去掌控自己的命运，好像显得太有主见，太有行动力，太不作，太不文艺。

从这点讲，不像萧红这类充满怀旧情调的才女，在气质上，薛涛更接近李香兰们，更接近现代意义上的才女。她们的日子不是用来作的，而是用来过的。

一

少女，开始太早结束太快

涛八九岁知音律。其父一日坐庭中，指井梧而示之曰："庭除一古桐，耸干入云中。"令薛涛续之。应声曰："枝迎南北鸟，叶送往来风。"父愀然久之。

——（宋）章渊《稿笺赘笔》

少女，
开始太早结束太快

1. 我想，她应生在黄昏

距今约1233年的某一天，小薛涛降临人间。试想这样一幕情景，一千多年前，四川某处小院落的深处，传出新生儿微弱的啼哭。那个时刻，也许在白天、在深夜、在早春、在隆冬、抑或盛夏，无奈都已坠入时光的隧道，无法考证。我更愿意设想是在黄昏，千余年前四川的黄昏景象，现代人无法想象却又忍不住神往。没有雾霾，没有城市马路上拧成一股绳子整夜在摔打的车流声，没有工地的轰隆，没有广场舞，没有现代都市的种种贲张与活力。夜晚将来之际，自然再一次统摄、俯视人间，空气中植物的体味充溢、清冷、静谧，送朋友远行的人们在江边安静话别，老人正在扣上柴门，生人在路口的树下张望，小店里顾客与老板的寒暄、手势、微笑，生动依然，但时隔千年，已听不到一点声响，感觉像在看一部默片。

院落深寂，花草、蔬果、树木，疯了似地生长，成为庭院的主角。房檐内，烛光如豆，闪烁的光影中，人的身影庞然、怪诞，映在墙上，薄薄的，一口气就能吹走，屋内偶尔响起人的低语和器具的磕碰、克制、虔诚、神秘，像是要化进浓浓夜色中去。伴随着吱呀声，木门时开时关，跳动的烛光里，粗使丫头端着一盆盆热水进屋，又端着一盆盆凉水出来。薛郧在门外焦急地守候、张望、自言自语，每一次木门打开立即向丫头探询，和任何一位父亲无异。但你需要驻足、屏气、仔细聆听，才终于能捕捉到婴儿稚嫩的啼声。它从丰茂的自然、厚重的夜色、浩瀚的苍穹以及千载光阴的涌聚中，一点一点渗透出来，滴落进历史，慢慢晕染开，像一瓣桃花，或一丛墨竹，总之，是它自己的样子。

2. 荔枝，眉州的滋味

薛涛，字洪度，公元781年，[1] 生于四川眉州（今四川眉县）。许多年后，当薛涛侨居浣花溪畔，忆起自己家乡，仍然情难自禁。

乡　思

峨眉山下水如油，怜我心同不系舟。
何日片帆离锦浦，棹声齐唱发中流。

"峨眉山下"即眉州。"不系舟"，引《庄子·列御寇》："泛若不系之舟，虚而遨游者也"，喻自己思乡情切。"锦浦"，薛涛在浣花溪畔的居住地。岷江水光亮如油，每每让人思念不已，不知什么时候能有机会离开锦浦，扬帆回到我阔别已久的家乡。

眉州盛产荔枝，在薛涛幼年时期，想必是她的最爱，成年后经历种种不如意时，吃荔枝的记忆也会成为情绪的避难所。

忆荔枝

传闻象郡隔南荒，绛实丰肌不可忘。
近有青衣连楚水，素浆还得类琼浆。

"象郡"，在今广西、广东西南部，传说中盛产荔枝的仙境；"楚水"，指长江；"青衣"，江名，在今四川乐山。听说象郡的荔枝，圆润、丰盈、多汁，令人难忘，可我的家乡眉州、嘉州一带盛产的荔枝，也堪称琼浆玉液，天下闻名。像普鲁斯特的小玛德莱娜蛋糕，薛涛追忆荔枝，拨弄的却是一整块天伦之乐，但无论父母膝下的承欢，还是家乡荔枝的美味，都只存在记忆中，自16岁远走他乡，薛涛终生都未再回眉州。

薛涛祖籍已不可考，只知道原籍长安，祖上为陕西人，不像她同时代的许多文化名人，家世可追溯数代，比如白居易乃"北齐五兵尚书建之仍孙"，元稹为"后魏昭成皇帝十五代孙",刘禹锡自称"七代祖亮,事北朝为冀州刺史、散骑常侍"。仅有的资料只能约略捕捉薛涛父亲薛郧的少许信息,元人费著《笺纸谱》说薛郧"原籍长安,因官宦蜀而卒",进川前,薛郧在京城做公务员,具体职位不可考,大抵只是个名不见经传的小官。

薛郧携妻入蜀,时间约在唐代宗大历年间,公元775年前后,其时薛郧约30岁。关于薛郧携妻游宦蜀中的原因,据成都薛涛研究会会长刘天文先生考证,原因有三。第一,安史之乱以后,唐王朝日渐衰落,宦官越权、朋党之争、藩镇割据、边境冲突等这些从前尚能控制的矛盾,逐渐白热化,陷于失控状态。大历十余年间,长安多乱,吐蕃、回纥等入侵者经常骚扰中国边境,《资治通鉴》载,大历九年,回纥竟然大白天在长安街道杀人,制造暴乱,民心失散,纷纷出逃长安。

第二,人祸之外,还有天灾。大历九年,京师大旱。那时节,没有所谓人工降雨,只能求雨,首都市长黎干一会儿与巫师手舞足蹈,一会儿"又求于文宣王",不同于电视剧里的狗血剧情,几个时辰后,总会风雨大作,来验证皇帝、官员的虔诚,大历九年的天公愣是不配合,任凭首都市长想尽了办法,还是滴雨未下,致使关中大饥,饿殍遍野,上演774年版的《1942》。

第三，唐时官员分为京官和外官两个系统，京官的工资由中央政府发放，外官的工资由当地政府承担，唐初国力强盛时，京官待遇好过外官，但安史之乱以后，中央财政吃紧，地方藩镇的势力反倒日益高炽，节度使为充盈自己的智囊团，也不惜高薪聘请有能耐的人，从此，外官的待遇就大大好过京官，至大历年间元载当宰相那会儿，甚至出现"京官不能自给，常从外官乞贷"的情形，不能养家糊口的京官只得请求外调，去地方任职。约在大历十年，薛郧请求外补来四川眉州。[2]

3. 命运是大大小小的环

7年以后，薛涛在眉州出生。其时薛郧已年近四十，按照唐朝人均年龄五十多岁来算，可说是老来得子，再加上薛涛是薛郧唯一的孩子，那宠爱想必是无以复加。薛涛的热情、坚强、敏捷及超强的领悟力，无疑都得自于幼年时期良好的家庭环境与教育。假如唐代人也流行在晚年写回忆录，在薛涛的这部书里，幼时家庭天伦以及父亲对她文学才华给予的影响和引导，一定会占很大篇幅，构成整部回忆录中最为轻快的音符。

薛涛从小便显出不同寻常的才情。有一则小故事流传很广，网上一搜索"薛涛",铺天盖地都是这则轶事的踪迹。薛涛八九岁时"即晓音律,能诗",有一天,父亲薛郧带着薛涛在院里玩,薛郧有意要考一下女儿作诗的能耐,抬眼望去,刚好看见井台上一棵颇有些年代的梧桐树,便指着这棵树吟道:"庭除一古桐,耸干入云中。"不难想象小薛涛当时歪着头瞅着梧桐沉思的样子,她眼珠一转,张口就来:"枝迎南北鸟,叶送往来风。"

薛父喜上眉梢,望着孩子的目光里,满满都是望女成凤。薛涛的续诗对仗工整,构思巧妙,真不辜负他平素的谆谆教诲。但转念把这续诗掰开了一看,不对呀,迎南北鸟,送往来风,这不是风尘吗?随即愁眉紧锁,再紧锁,恐怕在他的余生都没再舒展过。

话说薛郧在历史中像绝大多数普通人一样湮没无闻,其人其行,也只因为薛涛的缘故,研究者在浩瀚史料中尽力翻找,才能约略扒出些许不重要的、不足以复制出一个完整人物形象的资料,他的家世、性格、学历等关键信息终究一无所知。唯独在宋人章渊《稿笺赘笔》记载的这则轶事中,薛郧的形象蓦然清晰起来,形神兼备,活脱脱一个慈爱又倒霉的父亲的样子。他好像是突然从历史的迷雾中跳出来,展示一下自己的忧虑和狼狈,随后又跳进历史,继续保持无信号状态。所以,在众多模糊不清的讯息中,薛郧留给历史的这张

少女,
开始太早结束太快

面孔上的沉郁,不断发酵、放大,像广场上大幅的宣传画,笼罩在薛涛的人生之上,难免使后人觉得,他在薛涛十岁即去世一事跟薛涛大有关系,说得明白些,他更像是被薛涛八九岁时那两句续诗中显露出的风尘感给气死的。

> * 并不是所有才子才女的爹都可在人前炫耀的。

编这个故事的段子手,心也够损的。梧桐自古都是跟凤凰联在一起的,《诗经·大雅》中就有"凤凰鸣矣,于彼高冈。梧桐生矣,于彼朝阳。菶菶萋萋,雍雍喈喈",俗语也说,种下梧桐树,引来金凤凰。这么一株高大上的梧桐树,愣是被故事中的薛涛给糟蹋得招蜂引蝶,难怪薛老爹会"愀然久之"。

从此,"枝迎南北鸟,叶送往来风"成为日后薛涛不幸堕入乐籍的一个铁证,就像胎记、兔唇、六指等先天缺陷,它预示薛涛的乐伎人生是她命中注定的。但这两句续诗是否为薛涛诗作,历来争议颇大。历任研究薛涛的专家中,只有张篷舟先生在《薛涛诗笺》中将《续父井梧吟》列入卷首,其他的如陈文华、辛岛骁、彭云生、刘天文等众学者均存疑。日本的辛岛骁先生推测,也许是先有"枝迎南北鸟,叶送往来风"这两句诗,再有人从这诗中扒出双关含义,又根据薛涛身世编造出一段故事。[3] 这个可能性是存在的。中国古已有之的传统,是几乎每个著名人物的童年都有一段插曲来预示他后来的人生轨迹,薛涛诗谶,大约也只是按惯例行事。

《旧唐书·袁天纲传》记载一则唐朝大姐大武则天的故事，说武则天还在襁褓中时，有个叫袁天纲的高人来到家中，乍一看武则天的长相，便连连惊呼："必若是女，实不可窥测，后当为天下之主矣。"托他吉言，武则天后来果然当了皇帝。二号人物上官婉儿在其死后，官方为她编撰的《唐昭容上官文氏集》中也记载了一则轶事，说上官婉儿的母亲郑氏在她即将临盆时，做了个梦，梦里一个神仙手持一杆大秤对她说，你怀的娃将来要称量天下哟！后来上官婉儿也终于成了武则天、中宗时代的风云人物。

显贵人士出身都不凡，都有高人暗中提携、护佑，而与薛涛齐名的另外两位著名女诗人李冶、鱼玄机，也都和薛涛一样，在幼年时期不小心做了一首诗，暴露了自己的风尘命运。李冶，五六岁时在一首咏蔷薇的诗中写道："经时未架却，心绪乱纵横"，心绪乱了，而且还是"纵横"，一定是想男人想的，从诗中流露出自己的放荡秉性，使李冶老爸看到了女儿堕落的起点，也和薛郧一样痛心啊疾首啊，他捶胸道："此女聪黠非常，恐为失行妇人。"大约后来也是被气死的。鱼玄机的名句则是："杨柳东西绊客舟。"本该是折柳送友人，在这句诗里，却是杨柳绊客，轻佻轻薄，一个"绊"一个"客"，无疑是她交际花人生的铁证。

关于薛涛等女诗人这类不靠谱的诗谶，薛涛研究专家彭云生

少女，
开始太早结束太快

先生有一番严正的议论："在封建时代，凡遇其人显达者，于幼小时必造许多誉扬之词；其人流落者，亦往往于幼小时造许多污蔑之语。历史上此类甚多，兹不具辩。"但无疑，古人挺热衷敷衍这类命运故事的，坊间八卦本不足信，却大摇大摆走进正史，还浓妆艳抹端足了架子，真拿自己当回事。这种命运观在民间有个很通俗的说法：三岁看老。

三岁看老，人生轨迹回应着命运的提示，从最初的预示到最后的行止，不出差错，没有意外，稳稳当当，形成一个圆圈。可以说，这是传统农耕社会的特产，如张宏杰先生所说，中国地理环境的特点有二：一、天然适于农耕，二、封闭性，"和地中海沿岸相比，中国大陆是个内向的闭合体"。⁴ 农耕社会必须遵循四季循环的特点，再加地理环境本身的封闭，两者促成古人信仰循环，充满对圆的完满性的虔诚。

* 环形的生命轨迹。

圆既自足自得，同时又是自闭的，自闭必然导致内向、僵硬。一方面是自以为很精明很通透的得意，另一方面，则非常傲娇地憎恨新鲜事物，蔑视一切"古已有之"之外的东西。从官方撰写的正史到坊间传闻，充斥着的无数这类三岁看老的故事，尽管套路单调、枯燥，却始终不会消弭人们对这种形式的虔诚，以致最后渐渐将形式当成实质，无比虔诚的供奉着、信仰着。就像现今中国企图用洗脚、用穿汉服来回归传统，从形式入手，本来无可厚非，最终却又止于形式,以致大家认为,发扬传统无非就是洗洗脚啦、穿穿汉服啦。

4. 春望的才女

约在10岁时,薛涛父亲薛郧去世,从此,薛涛与母亲相依为命。若说薛父尚在轶闻中露了一下脸,薛母则是更加深邃地隐匿在历史迷雾中,姓名、性格、家世均无法得知,无论从史料还是薛涛自己流传下来的文字中,都不能捕捉到薛母的一鳞半爪的信息。但从薛涛的早慧、诗歌修养、从她少女时期就广结文友的行为来看,薛母必定是一个热爱文学、不拘泥于俗规的文艺女中年。

薛涛容貌秀美,才情卓越,外加性格热情、奔放,颇善交际,不为世俗礼仪所羁,逐渐成了眉州当地文学活动的活跃分子。什么读书俱乐部啊、诗歌朗诵啊、游园赏花再来个即兴作诗,她都不怯场,提笔就来,雅集酒宴上肯定也属于那类受人欢迎的女子,机智善辩,酒令和作诗上都胜常人一筹。至薛涛15岁时,她已是当地有名的女诗人了,所谓"扫眉涂粉,与士族不侔,客有窃与之燕语"。[5]

《中国文学家大辞典》中说薛涛:"父卒,年始及笄,以诗

少女，
开始太早结束太快

闻外，又能扫眉涂粉，与时士游"，似乎，正是在父亲去世后，薛涛的诗歌才华，逐渐成为维持自己与母亲生计的途径。古时识字的人少，基本呈金字塔式，社会地位、身份越往上走，识字的人愈多，谈文学、写诗作赋基本是这个阶层的消遣。经过这层筛选，薛涛以诗会友、结交的人士，都是当地名流，比如眉州刺史，通过与他们的应酬、诗歌唱和，而获得不管是现金还是各种形式的礼物馈赠，薛涛养活自己和母亲，似也在情理之中。从这位郑姓刺史即将离开眉州去别处赴任，薛涛写诗为他饯别，即可一窥薛涛在眉州的社交圈以及生活方式。

送郑眉州

雨暗眉山江水流，离人掩袂立高楼。
双旌千骑并东陌，独有罗敷望上头。

天边雨云沉郁，岷江水滚滚向前，高楼上送别的朋友们互道珍重，忍不住要用衣袖掩住脸上的忧伤。你有千骑仪仗，有美貌、坚贞的妻子陪伴，前程也不会太艰辛。后两句巧妙化用《陌上桑》"东方千余骑，夫婿居上头"，勉励即将远行的刺史夫妇，虽然前路漫漫充满未知，但夫妻携手定能战胜所有困难。薛涛在诗中隐约表达了自己对爱情的朦胧向往。

十四五岁，恰值少女思春的年龄，天地万物，兀自安详地待着，不招惹不撩拨，薛涛从此间经过，情愫渐生，无由地便会忧伤起来。某日春光明媚，薛涛独自在野地散步，思绪天马行空，忽而欢喜，忽而忧愁，看着小径上相互依偎共浴春光的鸳鸯草，不免有些羡慕嫉妒恨。

鸳鸯草

绿英满香彻，两两鸳鸯小。
但娱春日长，不管秋风早。

这首小诗被认为"清新婉丽"，是一首青春之歌。日本学者那珂秀穗将此诗翻译为："墙角里散着清香的鸳鸯草／两两学着相爱／只道快乐的日子还很长久／哪知秋风很快就要到来。"内心的忧悒、对爱的期待与恐惧的混杂情绪一闪而过，却很快释怀，春光如此美好，该赶快享受才是，哪管那秋风何时来到。

又一日，小薛涛外出闲逛，看见两只野鸭子在池面嬉戏、缱绻，不免内心又荡起阵阵涟漪。

池上双凫

双栖绿池上，朝去暮飞还。
更忆将雏日，同心莲叶间。

池面绿波荡漾，涟漪丛生，成双成对的水鸟栖息其上，从容满足，他们结伴同行，朝出暮归，在水草中亲密，在莲叶间

少女，
开始太早结束太快

嬉戏，此情此景，真令人神往。如果《鸳鸯草》中还闪烁着少女特有的忧郁和感伤，《池上双凫》这首小诗中就只有满满的羡慕和期待了。无疑，这是少女薛涛对未来幸福的憧憬。

少女时代，薛涛最有名的诗歌是这一组《春望词》。

> 花开不同赏，花落不同悲。
> 欲问相思处，花开花落时。
>
> 揽草结同心，将以遗知音。
> 春愁正断绝，春草复哀鸣。
>
> 风花日将老，佳期犹渺渺。
> 不结同心人，空结同心草。
>
> 那堪花满枝，翻作两相思。
> 玉簪垂朝镜，春风知不知。

这一组诗写春日情思。花开花落，揽草结草，春风春鸟，虽身处春来大地一派生命勃发、绿意盎然的景致中，仍止不住地引发出忧愁。既有年少不知愁之味而强说愁的小女儿情态，也道出少女时代对情感的惶惑和茫然。相比薛涛后期作品的深远、含蓄，这组诗中有诗人未经世事却强作沧桑时的天真，好像一位少女在原野上走，手里摇着从野地里折来的花茎,沐浴着春日的大好时光,但面色反而忧郁,这忧郁也可说是文学、诗歌熏陶出来的,带着书卷气,未经生活磨砺,有着审美的愉悦,但毕竟沉淀不深,有些轻飘飘的。我们都曾在这样轻飘飘的年纪这样轻飘飘地幻想过、忧愁过。

《春望词》在日本颇有影响,有各种版本的翻译,薛涛研究专家、日本学者辛岛骁先生非常喜欢这组诗,认为是薛涛诗歌中的杰作。[6]

十四五岁便能写出如此诗作,薛涛"以诗闻外",也就不奇怪了。诗名传出眉州,传到成都,最终传进剑南西川节度使幕府,传进了节度使大人韦皋的耳朵,想象这样一个传播旅程,也是件奇妙的事。人生一些重大的机缘巧合在这里得到淋漓尽致的体现。薛涛诗歌即便传进幕府,以韦皋的日理万机、运筹帷幄,未必有时间关注,又若薛涛为人传诵的诗句,恰不对韦皋的胃口,身边既不乏诗友又不乏美女的韦皋大人,也难得会对薛涛多看一眼,假如利用阿兰·德波顿在他的成名作《爱情笔记》中对爱情的概率计算,韦皋对薛涛心动的几率,至多也在万分之一吧。总之,种种巧合促使西川最高行政长官韦皋在人群中看到了、看中了薛涛。

贞元十二年(796)左右,薛涛被韦皋"召入幕府侍酒赋

少女，
开始太早结束太快

诗，遂入乐籍"。这一年，薛涛16岁，恰值"及笄之年"。按唐时女性平均婚龄17岁来看，16岁已是待嫁的年纪。笄，是古代女人用来束发的簪子，把头发绾起来是女子身体发育成熟的标志，可以嫁作人妇了。"笄年是女性的家庭角色变化的标志"[7]，从此时开始，传统闺阁中的女孩时刻准备着，与合适的男子共结连理，建造自己的家庭，扮演妻子、母亲，成为陈弱水先生所称作的"隐蔽的光景"的一部分。足够幸运的话，她们最后会拥有一份颂扬其妇德的墓志，沉睡千年之后，为现代考古学者所发掘，成为研究唐代女性家庭生活、地位的一份数据、一份材料。

所有这一切，在薛涛16岁时被轻轻地，也永远地错过了。在一般女性即将寻找婆家、训练成为一个妻子的"及笄之年"，薛涛反而走出自己的闺房，走出眉州，远走成都，这个时间点，不能不说显得特别意味深长。似乎是命运的一个暗示，好像是奖励，又好像是被月老遗弃。不管未来如何，薛涛怀春的少女时代都结束了。

韦皋生于745年，召薛涛入幕府时他已年过五旬，考虑到他比薛涛年长整整36岁，所以他和薛涛之间的故事，完全在大叔与萝莉的节奏上。

注释

1. 关于薛涛生年,众说纷纭,至今难有定论。笔者取781年一说,参考四川薛涛研究会会长刘天文载于《社会科学研究》1992年6期的《薛涛生年考辩》。
2. 刘天文,《薛涛诗四家注评说》,145页。
3. 刘天文,《薛涛诗四家注评说》,118页。
4. 张宏杰,《中国国民性演变历程》,16页。
5. (元)费著,《纸笺谱》。
6. 刘天文,《薛涛诗四家注评说》,12页。
7. 姚平,《唐代妇女的生命历程》,53页。

二

孔雀,金鸟笼中的孔雀

韦公既知且怒,于是不许从官,涛作《十离诗》以献,情意感人,遂复宠召,当时见重如此。

——(宋)何光远《鉴戒录》卷一〇

孔雀,
金鸟笼中的孔雀

1. 蜀中是能让将军甘于老去的地方

韦皋,字城武,唐京兆万年人,也就是今天的西安人,正宗的西北汉子,中唐历史上有名的大将军、封疆大吏,声名之显赫仅次于郭子仪。在出任剑南西川节度使之前,韦皋陆续在建陵挽郎、监察御史、殿中侍御史、陇州刺史等官职上混过,他的发迹,可从建中四年(783)说起。这一年,韦皋38岁,奔四的节奏,不管从哪个角度,都该是厚积薄发正当有一番作为的年龄。

公元783年,原幽州节度使朱泚在京城发动叛乱,韦皋领命,带军镇压朱泚谋反,立了大功,立刻进入了唐德宗的视野。德宗封他为左金吾卫将军,寻迁大将军。其时,西南边境上吐蕃与四川的矛盾日益激烈,擦枪走火的小规模冲突时有发生,吐蕃已成为中唐政府的心病。公元785年,德宗召回原剑南西川节度使张延赏,也就是韦皋的老丈人,任韦皋为新任节度使,恰值40岁的韦皋迎来了人生的重大转机。那时候,四川眉州的薛涛才约5岁,还是个鼻涕虫,离她气死老爸的"枝迎南北鸟,叶送往来风"也还要早几年。

韦皋从40岁入蜀，就没再挪过地方，一口气待到了死。韦皋镇蜀，治绩卓著，尤其在和南诏、吐蕃这些不安分的邻居打交道时，更显出他作为军事将领的能耐。史书形容他在蜀的边功时用的是"服南诏，摧吐蕃"，一个"服"字，再加一个"摧"字，铿锵有力，掷地有声，简直就是横扫。《新唐书·韦皋传》如数家珍般列举了韦皋的战绩："皋治蜀二十一年，数出师，凡破吐蕃四十八万，禽杀节度、都督、城主、笼官千五百，斩首五万余级，获牛羊二十五万，收器械六百三十万。"真可谓气势雄阔。但韦皋可不是只知道打打杀杀的一介武将，在常年和南诏、吐蕃的交手中，并不一味用武力震慑。他拉拢周边少数民族，孤立对手，在镇蜀期间，采取"启戎资益"的方略，"鼓励西川汉族与周边的羌、氐、藏、回各族商贸，以化解民族隔阂，亦即对吐蕃入侵釜底抽薪"。[1]这一政策也为百姓生活带来了很多福利。

至永贞元年（805）在任上暴卒，韦皋总共在剑南西川节度使的位置上待了21年，以致有则传说，说他天命在此，注定要成为西川的最大领导。《资治通鉴》记载了这则神话，说韦皋刚出生一个月，家里人摆满月筵席，请了很多高僧，有一个容貌丑陋的胡僧不请自来，他遭到了众人的冷遇。但当韦皋的乳母抱出婴儿时，胡僧凑上前向婴儿打招呼："别久无恙乎？"婴儿就冲他笑。大家非常奇怪，一再追问下，胡僧才说这娃是诸葛武侯的转世，以后要庇护蜀地，所以，韦皋又被誉为"诸葛武侯之后身"。

但一个人在节度使位置上一待就是21年，这事本身是不正常的，依唐制，节度使三年一换，21年，足够藩镇老大建立起与朝廷抗衡的军事实力了。当年安禄山在平卢节度使和范阳节度使两个位置上待了12年，就酿成了那么大的灾祸，正所谓"一个官员一旦在一个相当大的、或是富饶的、或是地处战略要冲的藩镇牢固树立了领导的地位，他的行为就变得比较反复无常了"[2]。所以，韦皋的诸多行为也是备受争议的。《资治通鉴》有相关记载："皋在蜀二十一年，重加赋敛，丰贡献以结主恩，厚给赐以抚士卒。士卒婚嫁死丧，皆供其资费，以是得久安其位而士卒乐为之用，服南诏，摧吐蕃。幕僚岁久官崇者为刺史，已复还幕府，终不使还朝，恐泄其所为故也。"赋税严苛，牢牢控制地方财政，用重金贿赂朝廷官员，另一方面也笼络、收买将士、士兵。属下的红白喜事，一律由他出钱，但若是幕僚们要入京还朝，寻找新的工作机会，他又会百般阻挠，唯恐了解他底细的属僚将他的秘密泄露，俨然是一方霸主。

《旧唐书·韦皋传》还记载了一件事，似乎中唐有名的政治改革"永贞革新"的失败，也有韦皋的捣鬼，将他的争议推向顶峰。永贞元年六月，顺宗刚即位，地位显然还不牢靠，也许韦皋看上的就是这一点。他派自己的属下刘辟去京城活动关系，拜见当时的翰林学士王叔文，"请尽领三川，则惟君之报，不然惟君之怨"，要挟统领剑南三川（今天的川东、川西和陕南一带）。被拒绝后，韦皋恼羞成怒，率领一票人，上表"请权令皇太子亲临庶政"，直接把刚上任的皇帝晾一边，要求立新皇帝，并攻讦王叔文、柳宗元、刘禹锡等主张政治革新的党人是"群小得志，黩乱朝纲"。果然，在他的撺掇下，顺宗被迫退位，王叔文一票人失势，王被赐死，柳宗元等被贬谪，改革失败。

以上的种种表现，讲的都是工作场合中的韦皋，从这些看，作为政客的韦皋至少能贴上这些标签：从来不笑，工作狂，骄横，霸道，叱咤风云，心狠手辣，城府极深，没情调。不过正史中的人都没情调，面孔都一本正经，都是证件照，可以直接扒下来挂在祖宗的灵堂供人祭拜。要想看看一个人的血肉性情，还不能漏掉野史。

晚唐李复言在《续玄怪录》的《韦令公皋》中讲了一则韦皋年轻时的故事。韦皋还没做官时，到西川游历，当时的节度使张延赏看他骨骼清奇，像常言说的是个奇才，便先做投资，把女儿嫁给了他。也没个擂台上比武招亲，也不像黄药师招女婿那么斗智斗勇，韦皋这么轻易就做了西川最高行政长官的倒插门女婿，兴许好久都沉浸在温柔乡里没醒过神来。没想过了一段时间，老丈人由当初对韦皋莫名的越看

孔雀，
金鸟笼中的孔雀

越喜欢，变成了越看越不喜欢，甚至不加掩饰地对他表示厌恶。

当年猪八戒在高老庄做倒插门时，遭岳父鄙弃的原因是，食量太大，看着他一碗接一碗地吃吃吃，气得心窝子都疼，另外，也没个亲家可以来往，这可愁坏了高老庄那老地主。不知道韦皋是哪惹着岳父了，但寄人篱下，每日看人脸色，这西北大汉挺不得劲的。好在妻子对他不抛弃不放弃，要他振作起来，自求出路，并说了一番很励志的鸡汤语录，原话是"妾辞家事君子，荒隅一茅屋，亦君之居，炊菽羹藜，箪食瓢饮，亦君之食"，翻成大白话便是，我虽是堂堂节度使千金，但我更是你的老婆，嫁鸡随鸡嫁狗随狗，我愿意跟着你吃糠咽菜。应了那句话，成功的男人背后，定有个靠谱的女人。

像任何一个唐代士大夫，一边是与糟糠之妻的深情厚谊，一边与身边的年轻女人厮混，韦皋也不例外。野史中的韦皋不仅"倜傥不羁"，还颇解风情，甚至有点萝莉控。谭正璧先生在《中国女性的文学生活》中也讲了这么个故事。韦皋年轻时候游历江夏，住在一个姜姓士绅家。士绅家里有个侍女，名唤玉箫，还不到十岁，负责服侍韦皋，几日下来，玉箫的乖巧可爱、善解人意打动了韦皋，话说这玉箫还真是早熟，也对这位相貌堂堂的公子渐生情愫。两人相约，七年后韦皋再来。临别时，韦皋赠给玉箫一个白玉指环，还写了一

首诗:

> 黄雀衔来已数春,别诗留解赠佳人。
> 长江不见鱼书至,为见相思梦入秦。

远行前留下这枚白玉指环作为定情物,倘若没有按时收到我的书信,也别太过伤愁,我们如此牵挂彼此,一定能在梦里相见。但像所有这类故事的结局一样,韦皋走了,而且八年都没回来,玉箫伤心呀绝望呀,不吃不喝,绝食而死,这成了韦皋心中的隐痛。又过了十来年,韦皋出任西川节度使时,在某次生日宴上,遇到一名歌姬,名字也叫玉箫,形态举止与前面那个没两样,便认为此玉箫是彼玉箫的转世。传说不足为奇,其中却可以窥见韦皋这人的个性,说是铁汉柔情吧,又更有说走就走的勇气。

2. 那时光,快乐得没心没肺

在薛涛与韦皋的故事里,不管是糟糠之妻,还是侍女玉箫或歌女玉箫,统统都消失在背景中。薛涛在及笄之年进入韦皋幕府,恰值韦皋身边无人,薛涛自然有点万千宠爱在一身的意思。有些学者认为,这段时期是薛涛人生的耻辱,我倒觉得在罚边前,薛涛的生活还是非常风光得意的。自古,大叔

孔雀，
金鸟笼中的孔雀

与萝莉，虽不说是天生一对，可天生就有吸引力。一个有青春，一个有经历，各有各自生命的美。薛涛与韦皋，和现在任何一段有名的老少恋相比，都毫不逊色。

何况韦皋这样的老男人，就是放到现在，也是颇有魅力的，有文采，有魄力，有军功，薛涛同时受到韦皋的吸引，实在很正常，而不是像某种固有的偏见所认为的，好像韦皋是抢占民女。在薛涛情窦还没打开，对自己喜欢什么样的人还缺乏足够的判断力时，王子闯进她的生活，带她上马，远离家乡，来到成都这繁华的大都市，来到西川最威严的节度使幕府，她对他肯定依恋或许还有几分崇拜。虽然，嗯，这王子有点老，更像王子他爹。至于韦皋为什么要以召薛涛入乐籍的方法把她留在自己身边，而不是一步到位娶了她，还是不要深究为好。唐时士人结婚看重女方门第，无论这时的韦皋还是之后的元稹，都无法、也不愿超脱。

薛涛的才情确实令人瞩目，她的一些小诗，清新婉丽，朗朗上口，像一幅幅生动的小品画，顷刻之间完成，即便会稍微流露一点拙，这拙也是少女的活泼天性使然，这时的薛涛，热情尚未被生活挫折所磨砺，她仍在享受发自内心的对自然、对生命的那份本真的欢喜。

风

猎蕙微风远，飘弦唳一声。

林梢明淅沥，松径夜凄清。

风是无形之物，怎么去描述没有形状的事物？小诗借助嗅觉、听觉、视觉去捕捉、勾勒风的形态。风是当它从远处掠过蕙草时送来的若有若无的微香，风是当它猛地折断某物时突然迸出的锐利声响，风是当它从树林经过时林梢响起的一片淅沥声，风是夜晚漫步松林幽径时迎面而来的静谧凉意。因为这首诗，薛涛赢得了一个美名："画风手"。

月

魄依钩样小，扇逐汉机团。

细影将圆质，人间几处看。

这首小诗和《风》类似，写月却不直接勾画某个具体情境中的月，转而描述月亮在不同阶段的形态。牙月，如钩，如细影；魄，牙月发出的微光；满月，圆质，如团扇。与《风》诗又有不同，《风》是分别从蕙草、林梢、松径来体验风，每一个形象带来的都是独立的感受，《月》却是一气呵成的连贯，首句牙月，次句满月，第三句牙月渐至圆满，终于朗月当空，最后一句点睛，人们抬头看月，又从侧面烘托满月升空、月照大地的壮丽景致，有着盛唐气象的余韵，但一句

"人间",字挟风霜,似乎又继承了建安诗派的苍凉。明代钟惺在《名媛诗归》中结合薛涛身世评论此诗:"细语幽响,故故向人,有含吐不欲自尽。"

蝉

露涤音清远,风吹故叶齐。
声声似相接,各在一枝息。

"露涤音清远",让人想起盛唐孟浩然的名句"竹露滴清响",露本无声,而竹叶上露水清脆的滴落,更衬出夏夜的宁静。同样,晨露中涤荡过的蝉鸣清亮悠远,在夏日晨风中,此起彼伏,连成一片。但看似心有灵犀,彼此呼应,实际上却各栖一枝。蝉在文学意象中,以品性高洁著称,像虞世南的咏蝉名句:"居高声自远,非是借秋风。"女诗人捕捉到的却是与众多诗友唱和这种表面的大和谐中知己难觅的失落,幕府生活这无限繁华中无意间抖出一丝晦暗的调子。

三首小诗都清丽可嘉,敏感细腻,历来评价甚高,像多年后薛涛寄予元稹的诗中对自己诗风的形容:"细腻风光我独知"。这等灵巧可爱、聪明伶俐的小诗,没有被人生海藻钳附着的那般沉重、无奈,无疑会深深打动那年长薛涛36岁,常年征战沙场、混迹政坛、早已藏污纳垢的中年大叔韦皋的心。即便在"声声似相接,各在一枝息"这样"违和"的音符中,流露出些许落寞,见过大世面的韦皋,到底能按捺住的,不会跟她一般见识。"唯独一人爱你朝圣者的心,爱你日益凋谢的脸上的哀戚"固然是爱情绝唱,却也经常是爱情神话,有一种爱,就只爱你最好的时光,也许这种爱可鄙可憎,但无疑更真实、更生活。

薛涛在幕府的生活,尽管偶有阴霾从心头掠过,但好歹没有PM2.5这类让人呼吸不畅的有毒颗粒,何光远在《鉴诫录》中描述了薛涛当时受宠爱的盛况:"涛每承连帅宠念,或相唱和,出入车马,诗达四方,名驰上国。"每逢幕府酒宴,薛涛必是最耀眼的明星。吟诗作赋每每能赢得在座幕僚的惊叹,充满民间俚俗气息的酒令游戏,也被她娴熟运用,常常让人惊讶于她的聪慧敏捷。黎州某刺史来访,酒宴上众宾客开始行酒令,令格为:取《千字文》中一句,句中须带禽鱼鸟兽之名,该刺史示令:"有虞陶唐。"他将"虞"误以为"鱼"。众宾客忍住笑。酒令巡至薛涛,涛应令云:"佐时阿衡。"黎州刺史说,这四个字里哪有鱼、鸟?命罚薛涛酒。薛涛狡黠一笑,说:"'衡'字尚有一条小鱼,使君'有虞陶唐',都无一鱼。"众客大笑。[3]

幕府的歌舞晚会,更是这种快乐逍遥日子的顶峰。幕府装饰一新,气氛热闹非常,其似锦繁华比神仙世界的紫阳宫都毫不逊色。所有歌舞伎穿上为这次舞会裁制的新装,在乐曲里翩翩起舞。

试新服裁制初成三首

> 紫阳宫里赐红绡，仙雾朦胧隔海遥。
> 霜兔毳寒冰茧净，嫦娥笑指织星桥。
>
> 九气分为九色霞，五灵仙驱五云车。
> 春风因过东君舍，偷样人间染百花。
>
> 长裾本是上清仪，曾逐群仙把玉芝。
> 每到宫中歌舞会，折腰齐唱步虚词。

"紫阳宫"，道教传说中神仙居住之地。"冰茧"，传说中的冰蚕，"长七寸，黑色，有角，有鳞，以冰雪覆之，然后作茧，长一尺，有色五霞"，是用来织锦的上等面料。第一首诗歌里写歌舞伎们分得面料，热烈讨论将要裁制的新服款式，"紫阳宫""红绡""仙雾朦胧""嫦娥"这些亦真亦幻的用词，渲染了幕府生活的那一派奢华。

"五灵"指麟、凤、龟、龙、白虎五种充满神性的仙灵，喻衣裳色彩的斑斓、华丽。"东君"，春神。第二首诗歌中用"九色霞""五云车""染百花"着力描绘一群青春貌美的姑娘身着色泽绚烂的各色服饰，在幕府中穿梭、蹁跹，仿佛春风从春神门前经过，偷走百花的色彩，带到了幕府的歌舞会。

"上清仪"，道教服饰，由此可推断歌舞伎的服装式样近似女冠服。女冠服是当时最时尚、新潮的服饰。在唐代，从高祖皇帝李渊到唐昭宗的近三百年时间中，便有十二位公主出家当女道士，贵族向来引领时尚，公主们整天穿着女道士装跑来跑去，底下的人自然有样学样了。"步虚词"，道家乐曲，极言年轻女子身着五彩衣裳在幕府翩然起舞的缥缈身姿。

此时的节度使幕府对薛涛来说，无异于神仙幻境。面对心仪的新装，面对如此的荣华富贵，薛涛的欢喜溢于言表，流露出少女特有的沉醉和无忧无虑的情怀，这是薛涛人生中最为绚烂的绽放。但这种欢欣、天真、不谙世事的懵懂、没心没肺享受宠爱的韶光，毕竟不会永远存在。这样耽于幸福的娇憨小情态，这样不问世事的小轻狂，在薛涛以后的人生中、诗歌中，再也不会出现。

3. 孔雀

不难想象薛涛每日的生活内容。陪韦皋赏春、赏菊，陪韦皋在当时成都最大的人工湖摩诃池上泛舟，在韦皋下令修建的合江亭里喝茶，游历道教圣地青城山，在当时成都繁华地万里桥边闲逛等等。

每年三月，韦皋会率领幕僚游历斛石山。斛石山又名学射山，因刘禅少年时在此学射而出名，在薛涛时代，已是当时有名的旅游景点。"每岁至是日，倾城士庶，四邑居民，咸诣仙观，祈乞田蚕，时当春煦，花木甚盛，川主与郡僚将妓乐出城，至其地，车马人物阗噎。"4 但别以为这是纯玩乐，唐代节度使携幕僚们出外游赏，就像现在的老师带学生春游，吃喝玩乐一番以后，还得交一篇"春游"主题的作业。有时幕僚当场献诗，有时节度使诗兴大发领头赋诗一首，幕僚们绞尽脑汁来唱和，画家呢，回去还得画一幅画，献给川主。

有个叫王宰的画家，善画山水树木，朱景玄《唐代名画录》中形容他"画山水树石，出于象外"，在蜀地名重一时，杜甫在成都草堂时期，曾有诗歌《戏题王宰画山水图歌》，赞美王宰的敬业精神："十日画一山，五日画一石，能事不受相促迫，王宰始肯留真迹。"

贞元年代，王宰备受韦皋的青睐，时不时跟着川主到处逛。从斛石山回来，该交作业啦，王宰将自己所画的斛石山的山水画献给节度使大人。韦皋在幕僚前将画卷徐徐展开，水墨淋漓中的斛石山冉冉出现。众位幕僚纷纷献诗，诗意不难猜测，多为捧场之作。薛涛小嘴一撇，不太买账，她的献诗内容纯粹是抬杠。

斛石山书事

王家山水图画中，意思都卢粉墨容。

今日忽登虚境望，步摇冠翠一千峰。

"都卢"，唐代口语，意思是"不过"。王宰画中的斛石山嘛，粉墨而已，不过尔尔啦。今日登上斛石山，身临其境，才发现还是自然实景更胜画作一筹。诗中，薛涛的小萝莉神态毕现，既有些自以为是，又有些娇嗔的样子。敢直言不讳地评论韦皋喜爱的画家实在不怎么样，所依仗的无非是韦皋对她的宠爱。

不独陪川主闲逛，为川主写诗，幕府众多同事间也常有诗歌唱和、往来，这在中唐幕府，是一个集诗歌品评、应酬、消遣、社交性质于一体的活动。韦皋一生戎马倥偬，没功夫弄文学，《全唐诗》中仅存有他三首诗，但他喜欢附庸风雅，网罗文人学士、能人将才，韦府幕僚符载在《剑南西川幕府诸公写真赞（并序）》云："韦公虚中下体，爱敬士大夫。故四方文行忠信、豪迈倜傥之士，奔走接武，麇至幕下。"韦皋的幕僚中，就有像段文昌、韦皋的弟弟韦平之子韦正贯这等有为年轻人。其时，段文昌和韦正贯均在韦皋幕府任职校书郎，薛涛与他们多有唱和。比如这首《赠韦校书》：

芸香误比荆山玉，那似登科甲乙年。

淡沲鲜风将绮思，飘花散蕊媚青天。

孔雀．
金鸟笼中的孔雀

芸香是一种野草，虽然花繁香馥，但因是生长在山野溪涧的寻常物，不值一提，荆山玉却是一种很珍贵的玉璞，薛涛以芸香自比，拿荆山玉喻韦正贯，赞赏他的过人才华，丝毫不输那些中第的才子，总有一天会天下闻名。韦正贯是韦皋之侄，薛涛对他当然要客气地恭维，但由这客气和恭维中，又显出两人的距离。

生活中充满这些才华横溢的年轻人，按理薛涛的生活应该很充实才对，但薛涛身份特殊，唱和关系之外，与他们并未深交。所有的热闹，都是外在的。终其一生，在薛涛，无论唱和的诗友中还是生活履历中，都未见到一个女人的身影，似乎也从没有一个叫做"闺蜜"的女人，与她为伴，在一处说说年轻女人的心思，说说愁与烦，调侃调侃幕府那些一本正经的"臭男人"，然后笑倒在一块。"声声似相接，各在一枝息"，是薛涛发自内心的落寞，即使孔雀进驻幕府，也没能成为她的玩伴。

说到孔雀，就不得不提及一个少数民族：南诏。

在唐朝西南边境，一直有两个少数民族不断与中原发生摩擦，它们是南诏和吐蕃。历任剑南西川节度使，都得仔细对付。南诏在人种上属于藏缅族，约从650年到900年统治着今天的大部分云南省。南诏倒是很早就向唐朝进贡，唐玄宗时期,玄宗皇帝就曾派特使册封了南诏王。

但装孙子进贡了好些年之后,安史之乱爆发前不久,南诏嗅到了风雨欲来时空气中的铁腥味,趁机在交界处挑起冲突,攻打唐王朝的都护府,唐政府集结兵力对之讨伐,但南诏联合吐蕃力量,粉碎了唐军的进攻。安史之乱以后,国内藩镇割据日趋严重,再加各地叛乱四起,唐政府已经疲于应付,哪有闲心去管什么南诏,从此,南诏投入吐蕃怀抱,成了剑南西川不容忽视的威胁力量。剑南西川节度使韦皋以及他的前任崔宁、张延赏等,在西南边疆,与南诏、吐蕃的联盟打了一仗又一仗。"如果他们牵制南诏的努力失败,唐王朝就会陷入深深的困境,因为剑南西川一旦被蹂躏,长安就不大可能阻挡来自西方和西南方的钳形夹击。"[5]

8世纪80年代末期,南诏与吐蕃,经过了私奔蜜月期的如胶似漆,此时关系逐渐疏离,同床异梦,也因为唐政府这方缓过气了,开始对南诏施压,南诏有点扛不住了,到贞元十年(794),南诏脱离吐蕃,恢复了中国属藩的地位。次年,唐朝军队在韦皋的领导下和南诏联合,攻打吐蕃,取得重大胜利。这在韦皋的个人简历上,也是人生辉煌的顶点。至贞元十三年(797),韦皋任剑南西川节度使的第12个年头,韦皋再次大破吐蕃,边功卓著,声威远播。

孔雀，
金鸟笼中的孔雀

贞元十五年（799），也就是薛涛被召入幕府的第三年，南诏向韦皋贡赠了一只孔雀。"在唐时，南方邻国视孔雀为象征吉祥的珍禽，常向长安天子贡献，对他人，恐非位高爵显，功勋卓著者不得有"[6]，可见孔雀对韦皋以及整个剑南西川具有重大的政治象征意义。

但应该怎么处理这只孔雀呢？如果是块牌匾就好了，掌几颗钉子，直接挂在门上方，风吹雨打都不用再管它。孔雀要吃要喝还要拉，开个屏还格外占空间，着实不那么好办。大叔韦皋问了小萝莉薛涛对这只孔雀的处理意见，薛涛的建议是"开池设笼以栖之"，薛涛同时代的诗人王建在诗歌里也记录了这件事："可怜孔雀初得时，美人为尔别开池。"这一年，薛涛19岁。

从此以后，薛涛一生都与这只孔雀连在一起。历任节度使及其幕僚们，换了一茬又一茬，来了又走，走了又再来，唯有她和它，始终驻守在西川幕府。久而久之，薛涛和这只孔雀就成了一个整体，成了西川幕府一道特别的风景，文友们的诗歌唱和中常将她俩捆在一块，比如后来武元衡、王建、李德裕、刘禹锡等人的诗中，都将孔雀和薛涛相提并论。

无论是诗歌意象，还是人们的八卦谈闻，乃至多年后孔雀和薛涛一前一后相继离世这一事实，似乎都注定，孔雀在薛涛生命中扮演了一个重要角色。但薛涛流传下来的近百首诗歌中，没有这只鸟的踪迹。孔雀是南诏向韦皋幕府进献的吉祥物，"开池设笼"的意见又为薛涛本人所提出，按理，这是一种至高无上的荣誉，薛涛应该很得意才对。奇怪的是，薛涛对其只字未提。最有可能的原因，也许也是最简单的，即薛涛不喜欢这只孔雀。不喜欢又或有两个方面，一是孔雀本身，二是孔雀所携带的象征意义。在别人眼里，这是一只珍禽，在薛涛眼里，就是一只傻鸟而已。

从一些作家的描述来看，孔雀当真不是那么可爱，远不如"孔雀"这个词给人的想象美好。20世纪美国南方作家奥康纳《生存的习惯》里，有一个章节写自己在农场养了几十只孔雀，目的是为了赚钱贴补家用。在她眼里，孔雀和一般的动物没啥区别，甚至还有些无聊，特别自恋，着迷自己的漂亮尾巴，好像能明白它给人类带来的视觉震撼，因此它的日常生活便是照顾好自己的尾巴，"在它的一生中，除了不停地修剪它，把它打开又合上，它就没什么好做的了。它前后跳舞时会展开尾巴，被踩到时就尖叫，穿过水坑时会小心地把它弓起来"。而孔雀的叫声，却让人不敢恭维，雄孔雀的叫声是"唉-喔-咿！唉-喔-咿"，"在忧郁者听来就是忧郁，在歇斯底里者听来就是歇斯底里"。

无独有偶，另一位美国作家卡佛在一篇小说《羽毛》中也写到孔雀的叫声,"这只鸟再次发出一声怪叫,'啊——嗷,啊——嗷!'要是在夜深人静的时候第一次听见,我肯定会以为是个要死的人,或者是某种凶猛的野兽在吼叫"。总之,孔雀作为一种真实的生物,与它们所携带的美好想象,相距遥远。薛涛的诸多爱好,都是传统的中国文人含蓄的雅兴,爱花、爱竹、爱自然山川、爱一切安静、隐忍、缄默的事物,有些孤芳自赏,也确饱含对自己的人格期许。这只孔雀的聒噪、奔放、热烈,在别人看来或许充满异域风情,在薛涛眼里却有些傻头傻脑。就像牡丹通常的标签是雍容华贵,但这雍容富贵在作家刀尔登看来有另一种诠释:胖乎乎。

如果说从贞元十五年(799)孔雀进驻幕府,到贞元十六年(800)年底薛涛被罚边,这中间一年多的时间中,还不足以让薛涛培养出对孔雀哪怕一星半点的喜爱之情,那么贞元十六年以后,乃至今后几十年,也就不会再有这样的机会使薛涛想要亲近这只孔雀了。

4. 松州,离爱很远的地方

贞元十六年,薛涛20岁,到韦皋幕府侍酒赋诗已经四年左右。从及笄之年眉州当地小有名气的女诗人,到西川最高行政长官府邸中节度使韦皋钦点、宠爱的乐伎,20岁那个劫难来临之前,薛涛的人生可谓顺风顺水。她在这四年中受到的宠爱以及诗名为自己赢得的喝彩,都不足以使她警醒乐伎身份所隐藏的真相。

唐代乐伎,正如众多研究资料显示的,必须与一般妓女相区分,原则上说,乐伎卖艺不卖身,薛涛的诗才和其他艺伎的比如跳舞、唱曲的才能是一样的,赖以为生的一技之长,用王昆吾先生的话说,乐伎"是每一时代的艺术乐舞的主要表演者,运载了那生生不息的艺术事业",是一批"下贱而崇高的表演家"[7]。

又说是"原则上",当然不能排除艺伎为权衡形势所做的妥协,但不可否认的是,达官贵人确实在与艺伎的以"伎"为基础的交流中,也得到了满足,不然她们干嘛拼命苦练技艺?性永远存在,但不是维系关系的唯一,何况家家都妻妾成群的士大夫们,说不定因为疲于应付而处于肾虚状态呢,像高罗佩所说的:"浏览描写这一题材的文学作品,你会得到这样一个印象,除了必须遵守某种既定的社会习俗之外,男人常与艺伎往来,多半是为了逃避性爱,但愿能够摆脱家里的沉闷空气和处于义务的性关系。"[8]

不能低估唐代人的文化素养,那是诗的时代。本身"有文化"一词,就已将世人进行了筛选,至少排除了农民和商人两个阶层,然后再随着学历的上升,最后形成一个精英的小群体,所谓"文化"主要是这个群体的消费品。剑南西川历任节度使如韦皋、武元衡、李德裕等,都是中唐蜀地文化的重要参与者和支持者。

仅一例,就连唐代酒宴上玩的酒令,其实都是考验文学功底的文字游戏。酒令有非常复杂的讲究,大的门类就有律令、骰骨令、抛打令等,每一类别之下,又有诸多的小令格,如仅律令下就有左右离合令、言小名令、断章取义令、急口令、历日令、《千字文》令、一字慊音令等等。有一种说法,"唐代酒令艺术在文学方面的结晶,则是后世所说的'词'"。[9]当日黎州刺史来访,薛涛与他行的便是《千字文》令,方法是取《千字文》中的一句,句中必须带禽鱼鸟兽之名,要完成这个令格,首先得非常熟悉《千字文》才行,所以黎州刺史闹了个笑话,他的示令为"有虞陶唐",把"虞"误为"鱼"了。随着这类酒宴的兴盛,中晚唐出现了专门的"饮妓",她们的特长便是善令,熟悉各种酒令,能在这种文字游戏中游刃有余,"当她们作为文人墨客的'歌酒之侣'而活跃在大大小小的绮宴上的时候,她们曾经是这些场合的核心人物。她们所出卖的已不再是单纯的色相,而是艺术和智慧"。[10]

* 格调超高的陪酒女。

薛涛毕竟是韦皋点名召入幕府的,到底又有别于乐籍中其他的女性。更何况初入幕府的这几年,并没有因为乐伎这一身份而遇到过什么挫折或是赤裸的鄙视、猥亵,相反,只有宠爱。恃宠而骄,变得有些任性,作为不到20岁涉世未深的年轻女孩来说,可说是很正常的。薛涛或许有些犯迷糊,一时沉在幸福的云雾里,不知道自己是谁了。

不同的是,平常人任了性,犯了点小错,还有修正的机会,即便有惩罚,惩罚也不会那么凶猛、残酷,但若面对的是韦皋大叔就不一样了。根据何光远在《鉴诫录》中的描述,薛涛被罚边的原因是这样的:"应衔命使车每届蜀,求见涛者甚众,而涛性亦狂逸,不顾嫌疑,所遣金帛,往往上纳,韦公既知且怒。"大家都知道薛涛是韦皋身边的红人,连使节拜访韦皋,都要给薛涛送礼,虽然薛涛很识趣,主动把礼物上交,却仍不能打消韦皋的怀疑和愤怒。是否真的怀疑薛涛在他背后有小动作倒未必,关键是自己的权威被冒犯了。有一类男人,当他权力加身时,权力越大,戾气会越重,越敏感,越容易被冒犯,对人对事,逐渐变得毫无幽默感,也不愿再自嘲,所以古语才说,伴君如伴虎。韦皋是西川霸主,声名显赫,中唐历史排名仅在郭子仪之后,政绩、军功都在那放着,想不摆谱都不行,既是文臣,又是武将,有文人的敏感多疑,又有武将的骄横、独断。这些因素综合在韦皋身上,就造就了一个很难搞的大叔。惹着他了,绝没好果子吃。盛怒之下,韦皋将薛涛罚往紧邻松州的边防军营。

孔雀，
金鸟笼中的孔雀

松州，即今日四川松潘县，唐太宗时代曾经在此设置都督府，统辖当地的羌族部落。但安史之乱以后，松州为吐蕃所据，韦皋任西川节度使的整个时期，松州始终未能成功收回。贞元十六年的腊月，是薛涛从出生到此时，人生经历中最寒冷的冬季。薛涛从幕府动身前往松州军营。时隔千余年，又因资料匮乏，很难想象当时的情形。她是乘什么交通工具前往的？有无人陪同？平素有唱和来往的那些诗友、同僚有无人在韦皋面前为她求情？这些都不得而知。

罚往松州军营，身份上自然就成了营伎。营伎的本职工作是为边防官兵表演歌舞，比如高适在《燕歌行》中写道的："战士军前半死生，美人帐下犹歌舞。"司空图的《歌》里也写道："处处亭台只坏墙，军营人学内人妆。太平故事因君唱，马上曾听隔教坊。"薛涛自己在给韦皋的求情诗里也写了她的日常生活："却将门下曲，唱与陇头儿。"军营生活薛涛定难适应，生存环境的恶劣是一方面，在政界名流的酒宴侍酒赋诗，在营帐中对着生性粗鲁、莽撞的边地官兵唱歌跳舞，可以说是阳春白雪碰上下里巴人。薛涛的处境和内心的崩溃可想而知。

无论她在这段时间内经历过什么，无疑都是刻骨铭心的屈辱。一千多年前的那个寒冬，孤身在松州军营的孤女薛涛，她是怎样痛彻心扉地悟到自己人生的真相的？想必是度过了无数个不眠的夜晚。酒宴上的强颜欢笑，曲终人散后，军帐深处传来官兵喝酒划拳的忽高忽低的喧哗，隆冬时节，星子依稀，边塞穷僻，薛涛瞪眼望着帐外漆黑的夜，因为精神高度紧张，承受着巨大煎熬、屈辱和内心折磨，也因为愤怒，她的眼睛炯亮有神，射出狂野的光，旷野深处传来让人毛骨悚然的狼嚎，她心无所惧，反倒羡慕这些畜生有尊严的生与死。

经历了许多个夜晚的煎熬之后，当薛涛终于决定向韦皋写诗请求大人饶恕，提笔的刹那，从前的那个乖巧伶俐、不谙世事的薛涛在她身体里死去了。

罚赴边有怀上韦相公二首

黠虏犹违命，烽烟直北愁。
却教严谴妾，不敢向松州。

闻道边城苦，而今到始知。
却将门下曲，唱与陇头儿。

"黠虏"，狡猾的敌人，指吐蕃。第一首诗的前两句说敌军来犯，战争如火如荼，在第三四句中，薛涛以"妾"的口吻，幽怨诉说自己被罚松州军营的心情。自古学者们都在"不敢向松州"这一句中读出了讽喻，讥刺韦皋终其西川节度使一生，都未能收回松州。清人由云龙评论此诗："婉转而

孔雀,
金鸟笼中的孔雀

讽喻,不露行迹,诗中上乘。"

在第二首诗中,前两句还老实,说边地艰苦,我到现在才知道,认错意味明显,也似乎在认认真真讨好,但紧接着在后两句诗中又不安分起来,将节度府中的歌舞升平和边地"陇头儿"的苦寒生活比较,讽刺节度使幕府中的骄奢。尽管是上诗求饶,心中的怨恨仍难以自持,倒是很符合一个20岁年轻女人的心性的。韦皋可不是傻瓜,诗中隐约的怨恨和嘲讽,他一定也捕捉到了。设想韦皋当时生气的样子,一定是歪着嘴,斜着眼:这小妮子还不够老实,那就再晾着她,让她在边地多待一阵!待舒服了!

韦皋对待薛涛的方式,其实就是一个隐喻,唐政府和那些知识分子的臣僚。刘禹锡、白居易、元稹等,都是在贬谪、召回、再贬谪、再召回的颠沛中浮沉于宦海,果然,后来白居易识趣了,向佛向道,中隐了,不再逞能了,元稹嘛,也开始识实务,转向了自己从前反感的政治角色中。薛涛身上的这股执拗或者说她在诗歌中所坚持的讽喻传统,本属儒家文学观中的"怨刺说",怨刺说的根本尺度是怨而不怒[11],再稍许夹带些嘲讽,这在中唐文人尤其遭贬谪的文人的诗歌中挺有代表性的,令人想起刘禹锡的一件轶事。

这位中唐大名鼎鼎的诗人不是也参与了旨在铲除宦官专权、

抑制藩镇势力的著名历史事件"永贞革新"吗？遭几派势力联合绞杀，革新失败，刘禹锡被宪宗赏赐了长达十年的贬谪。十年后，朝廷终于召回刘禹锡，经过数日舟车劳顿，好不容易到了长安，刘大诗人心情愉悦，便邀柳宗元一块儿去京城有名的玄都观看桃花。看桃花没错，安安静静地看就是了呗，但刘禹锡看着看着就忍不住发起了牢骚：

> 紫阳陌尘拂面来，无人不道看花回。
> 玄都观里桃千树，尽是刘郎去后栽。

前两句没问题，描绘的无非是看桃花的人潮盛况。后两句就不一样了，你看吧玄都观里这些轰动一时的桃花，都是在我刘某被贬以后才栽的，不仅讽刺那些排挤他出朝、后又被提拔的权贵们，还触及了当时的一个敏感话题，宪宗本人也就以这种方式逼自己的父亲顺宗当上了太上皇，他才坐上皇帝位置。诗是好诗，字字见血，两句诗一出口，朝廷上下杀了个片甲不留。宪宗一看，嘿，你丫反骨还在，非给你折了不可。圣手一挥，再贬！于是，刘禹锡前脚进长安，后脚又被赶出长安，这次宪宗要他去播州待着。播州即现在的贵州遵义，当时人口不足五百户，是个鸟不拉屎的蛮荒之地。

薛涛苦等多日，韦皋仍无回音。想必是领悟到了自己求情诗里缺乏韦皋想要看到的"诚意"。边地苦寒，战事频仍，作为一个营伎，每日除了在酒宴上强撑欢笑，唱曲、陪酒、忍受官兵的调笑，还得面对生死弹指间官兵们情绪的崩溃、发泄，每日抬回营帐的缺胳膊断腿的血淋淋，受伤士兵整夜响彻夜空的惨痛呻吟，身心所受的折磨，今人即便无从从史料中扒出，仍能想象。非离开这个地方不可！韦皋是唯一的救命绳索！辗转反侧，痛定思痛，薛涛终于以完全妥协的姿态写下了历来颇受争议的《十离诗》。

犬离主
出入朱门四五年，为知人意得人怜。
近缘咬得亲知客，不得红丝毯上眠。

笔离手
越管宣毫始称情，红笺纸上撒花琼。
都缘用久锋头尽，不得羲之手里擎。

马离厩
雪耳红毛浅碧蹄，追风曾到日东西。
为惊玉貌郎君坠，不得华轩更一嘶。

鹦鹉离笼
陇西独自一孤身，飞来飞去上锦茵。
都缘出语无方便，不得笼中再换人。

燕离巢
出入朱门未忍抛，主人常爱语交交。
衔泥秽污珊瑚枕，不得梁间更垒巢。

珠离掌

皎洁圆明内外通,清光似照水晶宫。

只缘一点玷相秽,不得终宵在掌中。

鱼离池

跳跃深池四五秋,常摇朱尾弄纶钩。

无端摆断芙蓉朵,不得清波更一游。

鹰离鞲

爪利如锋眼似铃,平原捉兔称高情。

无端窜向青云外,不得君王臂上擎。

竹离亭

蓊郁新栽四五行,常将劲节负秋霜。

为缘春笋钻墙破,不得垂阴覆玉堂。

镜离台

铸泻黄金镜始开,初生三五月徘徊。

为遭无限尘蒙蔽,不得华堂上玉台。

这一组诗的中心是"离",十首诗中,薛涛把自己与韦皋的关系,比作离了主人的流浪犬、离了手的笔、离了马厩的马、离了笼的鹦鹉、离了巢的燕、离了手掌的珠、离了池塘的鱼、离了鞲的鹰、离了亭的竹、离了玉台的镜子,语气之卑微哀诉,令后世许多喜爱薛涛诗的人都不忍直视,甚有"哀其不幸,怒其不争"的态势。清人陆昶在其《历朝名媛诗词》中评价此诗:"殊乏雅道,不足取也。"《历代才女小传》的作者汪民繁、王瑞芳也认为:"作者不得贬损自己的人格,来求得主人的同情与宽恕,诗的风格不免失之卑下。"另一些学者,比如《中国文学史话》的作者谭正璧先生、薛涛研究专家彭云生先生竟否认《十离诗》为薛涛的作品。

但持赞赏态度的仍然大有人在,钟惺在《名媛诗归》评价《十离诗》:"《十离诗》有引咎自责者,有归咎他人者,有拟议情好者,有直陈过端者,有微寄讽刺者,皆情到至处,一往而就,非才人女人不能。盖女人善想、才人善达故也。"《十离诗》固然"格调卑下",与薛涛其他诗里的不卑不亢,不可同日而语,但不得不说,正因为有了这组诗,我们不单能捕捉薛涛的人生轨迹,也是揣测她心路历程的切入点,分析她前后诗风变化的转折点。《十离诗》折射出了古代女诗人生活、精神的困境,以及她们突围的方式。

就像在爱情里人们常说的,人,谁没爱过几个混蛋,话又说回来,人生在世,谁又没干过几件混蛋的丢人的事。有了《十离诗》,薛涛作为诗人、作为人的形象更加真实、饱满。不卑不亢,不管对人还是对事,历来都被认为是最完美的状态,但所有的不卑不亢,都不会无缘无故地到来,所有的宠辱不惊,都因为先前都深深地惊过。悟,从来都是惨烈的。没有涅槃,就没有凤凰的重生。

不可一世的韦皋韦大人，终于看到了趴在他脚边抱着他脚踝哀哀求饶的傲娇女诗人薛涛，他的虚荣心想必得到了难以形容的满足，比他打胜仗归来还满足。于是，薛涛不久便从松州边地被释回。不管从罚边时间，还是从薛涛献诗内容，还是韦皋的态度来看，都表明其实薛涛没有实质性的冒犯、伤害韦皋，韦皋的行为只像是大人对任性小孩的惩罚。这一切于韦皋，或许只是心情的问题，对薛涛，则是翻手为云覆手为雨的浩劫。经历此事，20岁的薛涛初尝人生险恶，这一经历对她而言，足以铭心刻骨，在以后的岁月里，在许多个无眠夜的自省中，在每一次面对节度使大人时，在遭遇爱情时，她都会从回忆里拎出这段血淋淋的往事，以此警醒自己的行为。

* 整宦官成了替天行道

最后，还是把刘禹锡和桃花的故事讲完吧，因为他跟玄都观的桃花干上了，没完了。十四年后，贬谪在外的刘禹锡终于又回到长安。这一次，他又去了玄都观，但当年的桃花盛景已不再，没有如潮涌般观花的游人不说，连种桃花的道士都不见了。刘大诗人浑身一阵得瑟，又吟了一首诗：

百亩中庭半是苔，桃花净尽菜花开。
种桃道士归何处？前度刘郎今独来！

前两句描绘玄都观的荒芜，当年游人如织，如今却人迹罕至，地上布满青苔，桃树一棵未见，只有满眼的野花野草。

最后一句甚是得意,看你们当年小人得势,又怎么样呢,如今桃花变成了狗尾巴草,但我刘某,又回来啦!诗一传出,立即惹恼了他的对手,本来裴度推荐他为知制诰的,这些人便把这诗给拿出来说事,刘禹锡最后只当了个礼部郎中。这种毫无谋略的嘴欠的精神,刘禹锡的传记作者认为体现了他"毫不妥协的斗争精神"[12]。

5. 主人死了

恰在薛涛经历罚边这个重大的人生事故时,西南边境战事再起。吐蕃来犯。据《旧唐书·韦皋传》的记载,德宗命韦皋出兵吐蕃,韦皋"乃令镇静军使陈泊等统兵万人出三奇路,威戎军使崔尧臣兵千人出龙溪石门路南,维保二州兵马使仇冕、保霸二州刺史董振等兵二千趋吐蕃维州城中,北路兵马使邢玼等四千趋吐蕃栖鸡、老翁城市,都将高倜、王英俊兵二千趋故松州"。也就是说,在松州极不太平的时期,韦皋却命令把薛涛罚往松州军营,这个决定像是大人惩罚挑食的孩子,让她在农忙时节去地里割麦,体会"粒粒皆辛苦"。但完全不加考虑薛涛的承受力,将其置于这种极端严酷的环境中,最终迫使其彻底恭顺,并写下留下千古骂名的《十离诗》,韦皋的这一行为,又远比一个权威的家长来得冷酷,倒特别像《天龙八部》中乔峰悲催人生的源头,那个因为不懂情调的乔峰没有多看她一眼就起杀心的马夫人。有时候，传奇开始于"只因为在人群中多看了你一眼"，飞来横祸也可能来自没看那一眼，如果没看那一眼，哼，把你眼珠子挖出来！

罚边的整个过程都很短，贞元十六年的腊月启程，次年正月即被韦皋释回，加上路上的时间，满打满算也就两个月，但对薛涛而言，这次罚边整个地改变了她的三观。回到幕府，从前眼里看到的所有风光，都变了形，尤其笼子里的那只以开屏为自己鸟生要义的蠢孔雀，聪明、敏感如薛涛，或许也终于醒悟自己对这只生物至始至终全无喜爱的原因。从她被召入幕府，到此时，五年过去了，某种程度上，她在幕府扮演的角色，便和那孔雀一样。孔雀有它的绝活，开屏，她也有她的绝活，作诗。孔雀开屏之际，流光溢彩，宾客眼里流露出惊讶、欢喜之情，当她在酒筵上赋诗，他们捻须沉吟，随之目光里的赞许、欣赏，最初让薛涛很是受用，现在突然明白，这目光和他们看孔雀开屏时的神采是一样的。

* 原来在别人眼里，她和孔雀何其相似。

虽然集万千宠爱于一身，然而乐伎的身份就如关孔雀的笼子，使她只能待在幕府，成为囚鸟，听从韦皋的摆布。招之即来，挥之即去。对大叔韦皋来说，小萝莉薛涛也真是一只孔雀，可以给予很多宠爱，但前提是你得乖乖待在为你置备的笼子里。一方面让她写诗，用才情证明自己，张扬自己，

孔雀,
金鸟笼中的孔雀

另一方面,用乐籍的笼子、用节度使的威权,打压薛涛的自尊、诗人的傲气,牢牢将她束缚在自己身边。手段不可不说有几分卑劣。

贞元十七年(801),薛涛刚从松州边地回到成都不久,边境传来捷报,九月,韦皋大军在雅州大破吐蕃,十月,德宗"加韦皋检校司徒、中书令,封南康郡王,赏破吐蕃功也"[13]。

南康郡王,是韦皋在世能获得的最高荣誉了,心情必定非常不错。节度使幕府上下张灯结彩,酒宴不断,属僚们争相献诗,恭祝韦皋大人从"韦相公"荣升为"韦令公"。称赞领导工作做得好,也是薛涛的工作职责,但她却没有相应的诗歌流传下来。大破吐蕃,是韦皋一生乃至关系西川和平的大事,薛涛却保持沉默,究竟有些不寻常。

贞元十八年(802),韦皋镇蜀的第18个年头,嘉州(今乐山)凌云寺大佛,也就是俗称的乐山大佛,自玄宗开元二年(714)动工,历时九十年的开凿,终于在此时竣工了。大佛身高三十六丈,以依山而建的七层十三座檐的香阁作为保护,打造了"山是一尊佛,佛是一座山"的恢弘气势。韦皋在万众瞩目、钟磬齐鸣、梵音悠扬中主持了盛大的开光大典,作《嘉州凌云寺大像记》,并由书法家张俌刻成碑文,嵌进佛阁所在的崖壁,碑字均用金填。这在韦皋的政绩簿上又是流光溢彩的一笔,属僚们少不了要在诗歌里歌功颂德一番。例如这组《凌云开光大典赞》:

> 依山造佛镇三江,佛阁七垂赞堂皇。
> 凌云寺有今日盛,功在生佛韦南康。
>
> 凌云巍峨一梵宫,沫若二水绕游龙。
> 大佛寺碑凿岩壁,碑文未尽韦帅功。

赤裸裸的谄媚,把韦皋喻为"生佛",毫不隐晦自己的拍马。韦幕幕僚司空曙这首《题凌云寺》要好一点:

> 青山古寺绕沧波,石蹬盘空鸟道过。
> 百丈金身开翠屏,万龛金焰隔烟萝。

开光典礼中,壁岩所凿的佛龛,数以百计,香火鼎盛,烟雾缭绕,看起来颇为壮丽辉煌,但此诗意境终究促狭,格调平庸,为泛泛之作。薛涛也呈上了自己的献诗《赋凌云寺二首》:

> 闻说凌云寺里苔,风高日近绝纤埃。
> 横云点染芙蓉壁,似待诗人宝月来。
>
> 闻说凌云寺里花,飞空绕磴逐江斜。
> 有时锁得嫦娥镜,镂出瑶台五色霞。

两首诗均以"闻说"起,说明诗人并未到开光大典的现场。日本诗人那珂秀穗极喜欢这组《赋凌云寺》,还极富诗意地翻译了第一首:听说古寺里长着青苔/风声阵阵,白日里不见尘埃/火红的云光浮动在壁上/像是等待诗人的到来。第二首诗中写月下的凌云寺。听说凌云寺里的花,悬崖峭壁,依山生长,花荫繁茂,以致遮挡了月光,当月光从枝叶间筛下来,好比镂出瑶台色彩斑斓的霞光。

两首诗中,写花写树写青苔写月光,盛赞自己没见过的凌云寺的自然美景,却好像跟新落成的大佛像没啥直接关系,只有"横云点染芙蓉壁,似待诗人宝月来"一句似在赞美填了金子的碑文的夺目光彩,但那碑文是人家张俾刻的,和韦皋关系不大。把自己没见过的凌云寺的自然景色写得美轮美奂,又只字不提大佛像,更别说歌颂韦皋伟业了。这是消极怠工的表现,但还让人无话可说,总不能撵上去问为啥你没夸我吧。设想大叔韦皋读诗时的神情,大约也无可奈何再加苦笑,最终摸摸胡须又真的笑了,这不就是他所宠爱的薛涛拥有的那股伶俐劲吗?

人在高兴的时候,就会变得比以往更善良,对他人对世界不再那么戒备,另外,胸襟也会开阔些,变得更大方、宽容。人就这样,不仅自己"人逢喜事精神爽",同时又想把自己的爽传递出去,主张大家爽才是真的爽。看到薛涛郁郁不欢，和罚边之前形同两人，人瘦了，肩膀耸起来了，下巴变尖了，眉头也不舒展了，眼神里不复有从前的无忧无虑，总之，换了个人似的，对他远比从前恭敬、客气，也前所未有的冷淡。突然地，韦皋就有些愧疚了，为之前的小题大做，也觉得自己对这个才20出头的女孩未免太过分了。

于是就有了这么一个故事，据说韦皋曾准备议奏薛涛为校书郎。唐时，校书郎分为两种，一种是为朝廷秘书省所设的校书郎，体制内的正式公务员，有编制，有五险三金，另一种是散官，临时工，为集贤殿所设，向来由非科举出身的显贵子弟充任。但天宝后，节度使幕府为对付日常文件整理等事宜，自设校书郎这一官职，但需上奏朝廷，表请朝廷授予，才能申请到编制，[14] 如韦皋就曾请表授段文昌为西川节度使府校书郎。韦皋准备议奏薛涛为校书郎，也许是想补偿一下自己对薛涛的愧疚，但提议刚出，就遭幕僚的反对，一来薛涛尚在乐籍，营伎没有资格任校书之职，另外，当时薛涛毕竟年轻，是否能胜任校书郎也未可知。结果这事就此搁下，不了了之。

表明薛涛这一时期生活的诗作，除了受韦皋之命写的《赋凌云寺二首》，再就是一首与诗僧的唱和诗。对道教，薛涛原本就十分喜爱，经常将道家色彩的词汇嵌进自己诗歌的意境中，比如在《试新服裁制初成》中把歌舞会中的幕府比喻成道家仙境紫阳宫，将歌妓们所唱的曲子比喻为道家的步虚词。公元800年以后，薛涛与宗教人士的接触渐渐多起来，这固然是中唐文人的风雅，比如中唐著名女冠诗人李冶的男闺蜜，一个叫皎然的诗僧，不仅写诗，还自创一套其他诗人不太买账的诗歌理论。但更大的可能，薛涛转向宗教是为寻求心灵慰藉，中唐许多诗人如白居易等皆是在世事沉浮中，最终转向宗教的。

成都龙华有名的诗僧宣上人来幕府做客。与刘禹锡、白居易、元稹、韩愈、段文昌、韦皋等都有唱和，但不知何故，薛涛似乎错过了这次难得的文人雅集，事后她特意写了一首《宣上人见示与诸公和诗》，表达不能与众诗人唱和的遗憾。

> 许厕高斋唱，涓泉定不如。
> 可怜谯记室，流水满禅居。

"谯"，指谯周，三国时蜀人，著名的大学者，以博学受知于诸葛亮，薛涛以谯周喻宣上人，谦卑地表示对方以及诸公的唱和诗俱文采斐然，如浩荡江海，而薛涛自己的那点见识，比起诸公的才华，则像一滴渺小水露面对江海的磅礴，不知要逊色多少。

综观薛涛从公元801—805这五年，诗作极少，基本属于沉寂时期，仅流传下来《赋凌云寺二首》和《宣上人见示与诸公和诗》。沉寂的这五年，或许也正是她反思的五年。她不可避免地发现自己从前对韦皋的认识发生了折射，她得重新估量、权衡自己和韦皋的关系。

韦皋、薛涛和历史上其他著名的忘年交的男女主角都不一样，比如钱谦益和柳如是，冒辟疆和董小宛。钱和冒都是百分百的文人。历来文人和艺伎，都惺惺相惜。伎以色侍人，士以才事君，士人学富五车，期待得到政府赏识，艺伎吹拉弹唱、写诗作赋，渴望得到士人的欣赏，士人和艺伎，有某种程度的相似，也就不奇怪千百年来名士与才貌双全的名伎总能相惜。英雄惜英雄，这英雄都出自草莽，都渴求被招安、被赏识，以才自拔，士人得到皇帝的赏识、重用，恰如士人不顾社会舆论，把艺伎娶回家，在社会秩序中为她争取一个位置。刘禹锡曾在一首诗里，将自己的怀才不遇，等同于宫女等待皇帝的宠幸。

和乐天春词

新妆宜面下朱楼，深锁春光一院愁。
行到中庭数花朵，蜻蜓飞上玉搔头。

春光明媚的日子，女人隆重打扮后走到院子里，假装看风景，其实是在等待君王的到来，等待他像汉武帝与李夫人调情那样，拿起她的玉簪来搔头，结果，男人没等来，只等来了揩油的蜻蜓。

所以，当明末遗老钱谦益终于没忍住拜倒在清朝的石榴裙下以致饱受争议时，有人在他面前告状，说他不在家时柳如是与人通奸，他说了句还算有良心的话，国破君亡，士大夫的节操都碎了一地，何必要以守身来强求一个女人呢。即便文人有如冒辟疆，典型地自私、狡狯，但也有真情，有犹豫，有善良，被董小宛死缠烂打，居然也带回家给了自己能给的名分。

韦皋就不同，虽为文臣，却久在风云诡谲的政坛摸爬，政客锱铢必较、赶尽杀绝的冷酷的一面，压倒了文人感性、柔软的一面。拜韦皋所赐，薛涛这十年的人生，充满了戏剧性，她的命运，掌握在这个姓韦名皋的男人手里。从眉州小诗人一跃为西川最高行政长官的宠姬，诗达四方，名驰上国，又因为莫须有的罪名，从巅峰直堕地狱。

罚边，是一个惨烈的硬伤，无论如何都不能修复大叔与萝莉之间曾经或许还美好的生活，平衡打破，裂痕存在，将两人永远隔开，真相浮出水面，大叔是大叔，萝莉是萝莉，他们的人生本没有交集，无关姻缘，无关巧合，一切都只是大权在握的大叔的操弄而已。噬骨的怨恨只有一种方法才能化解。回忆。回忆会包裹起那些尖锐的伤人的棱角，让它们看起来不那么面目狰狞，想必这也是瓦雷里所说的，"回忆是一种基本的现象，它旨在给我们时间来阻止我们原本无法接受的刺激"。

永贞元年（805），在镇蜀21年后的某一天，韦皋暴卒。就像多年前他突然降临到薛涛的生活中，现在他又突然抽身离去，此时，薛涛25岁。从16岁到25岁，十年的葱茏岁月，从少女到成熟，从不谙世事到历经沧桑，韦皋究竟给予她的人生怎样的影响，需要漫长的光阴，需要在无数个夜晚中的辗转反侧，无数次日落之时面对夕阳的凝神中，来细细回味。

但她没时间了，她得直接面对韦皋之死带来的又一次命运的大动荡。

注释

1　郭祝崧，《薛涛小诗系史实》，《成都大学学报》，1996年第3期。

2　《剑桥中国隋唐史》，472页。

3　（宋）王谠，《唐语林》，卷六。

4　（宋）黄休复，《茅亭客话》。

5　《剑桥中国隋唐史》，559页。

6　刘天文,《薛涛生年考辨》,《社会科学研究》,1992 年第 6 期。

7　王昆吾,《唐代酒令艺术》,205 页。

8　（荷兰）高罗佩,《中国古代房内考》,177 页。

9　卞孝萱、卞敏,《刘禹锡评传》,107 页。

10　王昆吾,《唐代酒令艺术》205 页。

11　罗宗强,《隋唐五代文学思想史》138 页。

12　卞孝萱、卞敏,《刘禹锡评传》94 页。

13　《旧唐书·德宗本纪》。

14　《薛涛研究论文集》,185 页。

三

武人的成都，云来梦去

刘辟反，宰相荐才（高崇文），诏左神策行营节度统兵往讨，战于鹿头山，八战皆捷，师入成都。

——《新唐书》

农耕社会必须遵循四季循环的特点
再加上地理环境本身的封闭
两者促成古人信仰循环,充满对圆的完满性的虔诚

薛涛反而走出自己的闺房,走出眉州,远走成都
似乎是命运的一个暗示,好像是奖励,又好像是被月老遗弃
不管未来如何,薛涛怀春的少女时代都结束了

风是当它从远处掠过蕙草时送来的若有若无的微香
风是当它猛地折断某物时突然发出的锐利声响
风是当它从树林经过时林梢响起的一片淅沥声
风是夜晚漫步松林幽径时迎面而来的静谧凉意

有一种爱,就只爱你最好的时光
也许这种爱可鄙可憎,但无疑更真实更生活

薛涛不喜欢这只孔雀
在别人眼里,这是一只珍禽
在薛涛眼里,就是一只傻鸟而已

薛涛的诸多爱好,都是传统的中国文人含蓄的雅兴
爱花,爱竹,爱自然山川
爱一切安静、隐忍、缄默的事物

隆冬时节,星子依稀,边塞穷僻
薛涛瞪眼望着帐外漆黑的夜,因为精神高度紧张
承受着巨大煎熬、屈辱和内心折磨
也因为愤怒,她的眼睛炯亮有神,射出狂野的光

尽管想要做到有尊严,薛涛依然知道该采取怎样的姿态才能打动大人
时隔千余年
依然能感受到字里行间的屈辱与泪光

1. 爱伎与贰臣

永贞元年（805），无论对中唐政局，还是薛涛个人的人生，都能用一个词来形容：多事之秋。先说说"永贞元年"的来历。

这一年的正月，德宗病逝，太子李诵继位，是为顺宗。但这个倒霉的顺宗呢，在他等着做皇帝等了24年，终于挨到皇帝老爸去世的前一年，自己却中了风，连话都说不清楚。这一来，本来波诡云谲的中唐政坛，暗地里的斗争更加汹涌、激烈。顺宗是想镇住这群臣僚的，即便口齿不清，摩拳擦掌练就了24年的雄伟政治抱负，依旧要执行。这时候，顺宗在其太子时期网罗的官僚开始从背景里走上舞台，他们大展拳脚的机会到了。

这批人以韦执谊、王叔文、王伾、柳宗元、刘禹锡等为代表，基本上，二王是主角，当时还名不见经传的柳宗元、刘禹锡是啦啦队的，负责"加油"，他们被称为有"革新思想

* 永贞革新派的演职员表。

的政治人才"¹,准备掀起旨在反对宦官专权、藩镇割据的政治改革运动,也就是赫赫有名的"永贞革新"。习惯用阶级观点分析问题的中国历史学者们,向来把这次改革称为是不太有钱的庶族集团向很有钱的大贵族的发难,又因为被革的对象中有宦官,无形中又多了一层正义感,依中国历史的主流观点,一旦你整的是身残志坚的宦官,便是替天行道。但《剑桥中国隋唐史》的作者显然不太赞成这种用马克思式的经济理论作为分析这类问题的万能钥匙,作者含蓄地写道:"我认为很重要的一点是,在对待统治精英集团中经济差异的问题上,我们应采取虚心的态度",我对这话的理解是,不管谁比谁更有钱,同属一个统治集团,他们都不缺钱,不管谁革谁,都是弄权。

* 整宦官成了替天行道。

永贞革新只维持了一百多天便告失败,被宦官、三大藩镇头目(其中一个是韦皋)以及其他既得利益者联合绞杀,代价是刚当皇帝才几个月的顺宗被逼退位,直接当上了太上皇,太子李纯即位,是为宪宗。顺宗在退位的第二天,下诏把贞元二十一年改为永贞元年,这个倒霉蛋"总算为自己在历史上留下了一点痕迹"。²

但也就这点痕迹吧。宪宗一上台就对革新派大加惩罚,搞了"永贞革新"的那伙人中,王叔文、王伾、柳宗元、刘禹锡不是被贬就是直接赐死,造成中唐政治中另一个著名的"二王八司马"事件。次年正月，年号永贞改为元和。

下面该轮到这一章的主角刘辟出场了。他已经在第二章中稍稍露了一下脸，那次是受韦皋指使，到长安要挟当时的翰林学士王叔文，威胁要统领三川。但那仅仅是个小插曲，且发生在背景中。如果没有在805年掀起的这场叛乱，刘辟在历史上的位置，无论是作为韦皋的下属，还是薛涛的同事，都只是个打酱油的。倘若让幕府中韦皋及其幕僚们拍个大合照，刘辟想必是站在最后一排，面目模糊，起初谁也没在意这个人，待侦破行进到瓶颈阶段，难有突破，刑侦人员再尝试回头去研究这张照片，蓦然发现拍合影时这个心不在焉的家伙，同时也是个心术不正的混蛋，因为他不老老实实看着照相机、不老老实实喊茄子，却拿眼溜旁边的女同事。

话说韦皋在永贞元年干了逼"顺宗内禅"的坏事，就自顾自死了，留下一个烂摊子。21年的霸主一命呜呼，西川顿时陷入群龙无首的局面。好歹也算是时势造人吧，不管是英雄狗熊，时任节度使幕府行军司马（相当于现在的参谋长）的刘辟，一瞅机会来了，立马就激动了。永贞元年年底，刘辟伙同部下取得了西川地区的控制权，武装夺取了他觊觎良久的剑南西川节度使这一位置，先斩后奏，再对朝廷施加压力，逼迫朝廷颁发正式的任命文件。

简言之，刘辟的行径是篡权，但说实在的，这在当时已经不算是个新鲜事了。刘辟的叛乱，与其说他野心勃勃或者脑袋发热，还不如说他只是按照惯例行事罢了。像俗话说的，榜样的力量是巨大的，在刘辟的时代，很有一批节度使就是用他这种方式为自己谋福利的。

世人皆知，此一时彼一时也。安史之乱大大伤了帝国元气，成为唐朝历史一个有名的分水岭，致使唐帝国可以简约划分为安史之乱前和安史之乱后，经过这次中风，唐帝国迅速进入老年痴呆早期。唐德宗一心敛财，中央权力更加分散，各地藩镇老大纷纷效仿起安禄山，拥兵自重，对来自软弱的中央政府的发号施令，采取不鸟政策。安史之乱前，剑南西川拥有的兵力不算强大，但经过叛乱以后约三十年的成长，此时的实力已不容小觑。又特别是从785年韦皋任剑南西川节度使到805年他去世的这21年间，"他具有无可比拟的机会使自己所治的藩镇成为一个高度自治的地区"[3]。

中唐时期，藩镇与朝廷对抗的方式之一，便是藩镇节度使这一官职的任免不再服从朝廷安排，藩镇自个儿解决。或是传位给儿子，或是充满野心的部将在某个月黑风高夜，把所有持异议者都杀光，篡权以后，给朝廷发个消息打个招呼，嘿，现在老大是我啦！朝廷不想自找没趣，关键是也没那个实力，皇帝把臣僚们弄在一块儿商榷，从来都擅长互掐的官僚们这时也不放过扯淡、互相推诿的机会，逢场作戏忙一会儿，最后发个文件，给予承认和正式的批准。整个德宗时期，朝廷被迫"授予形形色色的篡权者和兵变者正式的职位"⁴。据《资治通鉴》记载，从安史之乱平定的广德元年（763），迄黄巢起义前夕的乾符元年（874），这中间的一百一十余年中，发生的藩镇动乱就有一百七十余起，其中只有极少数是与唐政府发生的冲突，绝大多数是藩镇内部的动乱，"士卒得以凌偏裨，偏裨得以凌将帅"，意思是窝里斗，以下叛上、攫取帅位的事时有发生。⁵ 就剑南西川而言，也算是有篡权的传统了，韦皋的前任崔宁，便是在一次与朝廷支持的对手的内战中夺取了权力，后要挟朝廷得到承认的。

* 中唐流行倒逼逆袭。

永贞元年五月，宪宗才刚登基，热身运动还没结束，没想西川刘辟就给了他个下马威，显然有些吃力，宪宗不得不模仿德宗朝的做法，颁布文件、诏告天下，承认刘辟充任剑南西川节度使。再说一次，榜样的力量是无穷的，仅仅两个月后，刘辟得寸进尺，要求统领三川。

统领整个四川，或许是历代剑南西川节度使的梦想吧，刘辟的前任韦皋就这么打算过。但若宪宗再屈从刘辟这一挑衅，接下来的局面可想而知，宪宗朝将会面临一批态度强硬的藩镇节度使要求扩张领地，由此，唐帝国的版图就会被藩镇给瓜分了。此时的宪宗较几个月前,"已站稳脚跟",[6] 他拒绝了刘辟的第二个要求,派出当时的神策军使高崇文统领的全部禁军,讨伐刘辟。806年秋,高崇文击败了刘辟。这个胜利无论关乎唐朝廷的尊严,还是对其他藩镇的威慑,都意义重大,因为自780年起的25年来,中央政府数次与藩镇的较量中,这还是朝廷第一次取得的胜利。[7]

韦皋之死,刘辟叛乱,这两桩政治大事件,对于无权无势无背景且身份卑微的薛涛而言,无论哪一桩都是一场浩劫,何况两者凑到一块儿。韦皋之死,是可依傍的大树的轰然倒塌,说大树底下好乘凉或许有些过分,但韦皋对薛涛的荫庇是显而易见的,尽管这荫庇是建立在薛涛恭顺的前提上。刘辟就不同。

刘辟,进士出身,《全唐诗》中收录有他两首登楼望月诗。从薛涛16岁进入幕府,到韦皋去世,这十年中,薛涛与韦正贯、段文昌等众多幕僚,都有唱和,与段文昌的情谊更是持续了终生。但薛涛与刘辟同在韦皋幕府共事多年,两人之间似无交往,连属于礼尚往来的诗歌唱和都没有,可想而知,这俩人是连最表面的关系也不愿维持的。女诗人呢,是有些恃才傲物,可从她后来许多诗歌的思想看,她在政治情感上和一个正统的士人没有区别,刘辟呢,是个有枭心的人,互相看不上也实属正常。

此外，薛涛的好友段文昌差一点还被刘辟害死。段文昌的儿子，唐代最著名的八卦记者段成式，在他的《酉阳杂俎》的续集卷七《金刚金鸠异》中记录了他老爸和刘辟的过结。韦皋晚年，和刘辟关系已不太好，或许刘辟看到韦皋年老，慢慢不中用了，便不安分起来，韦皋也警觉到这一点，两人在暗中较着劲。段文昌却因此受到牵连。刘辟在韦皋面前谗言，设计构陷，致使段一度被逐出成都。韦皋死后，刘辟篡权意图日益彰显，幕僚中持异见者密谋除掉刘辟，结果被刘辟下手在先。刘辟也怀疑段文昌和这些人是一伙，一天晚上，正是那种预示着会有大事发生的夜，幕府内安静得出奇，却又充满草木皆兵的况味，困在房间走投无路的段文昌只好反复默念着他平生最爱的《金刚经》，祈祷能逃过这一劫。半夜里，轰一声，门忽然就被撞开了，段文昌脑袋也轰一声，等着蒙面刺客提着尖刀进来，但是没有，只有个慢悠悠的声音飘进来，念了三次"不畏"以后就飘走了，结果，那一夜风平浪静。

故事讲得很玄，像一则《金刚经》的宣传广告，但其时幕府内剑拔弩张的恐怖气氛不难想象。薛涛目睹了这一切，她对刘辟的"看不上"中肯定又会因此掺进些许敌意。再看刘辟在剑南西川的作为，节度使的位置还没坐稳，马上自不量力的威胁朝廷，要求统领三川，他真拿自己当韦皋了，但就连当年战功显赫、蜚声朝野的韦皋最终都未能如愿，区区一个名不见经传的行军司马，朝廷知道他是谁呀。

总之，面对这样一个自负、轻狂又心胸狭隘的同事，就薛涛的性格来说，是无法与之相处愉快的，刘辟一定也心知肚明，何况他现在干的事是篡权，他几乎能想象从薛涛目光射出的冷冷的谴责和鄙夷。当他坐上剑南西川节度使的位置，以他的心胸，是不可能给薛涛自由的，再加上历来前任身边的红人，后来者总是要加以清洗，这想必是所谓世事变幻的一个规律。所以，刘辟要把薛涛远远打发走，一辈子不得回幕府，最好死在外面，免得看见她就想起从前总让自己如履薄冰的前任。按照韦皋的骄横性格，连薛涛都要罚边，肯定也给了刘辟不少苦头吃，说不定在酒宴上当着薛涛的面，还骂过他吼过他呢。永贞元年，就在韦皋暴卒的当年，25岁的薛涛再次被刘辟罚往松州边地。薛涛的人生又一次跌到了谷底。

再次面对边地残风冷月、叫天天不应叫地地不灵的绝境，不知道薛涛的内心又曾经历怎样的浩劫。从16岁开始，十年来，她生活在表面的喧哗与荣耀中，又随时被翻云覆雨手所钳制，无论官场还是江湖还是生活，她都没有左右自己的机会。此番罚边，被释的希望更加渺茫，她内心全然清楚刘辟的用意。当年韦皋仅是为了规训她，而现在，刘辟是要置她于死地。

但她岂是五年前那个惊慌失措的年轻女孩？以她的性格和意志力，她又岂是顾影自怜、坐以待毙的角色？幼年失父，16岁混迹节度使幕府，罚边，被释后五年中内心的修炼，诸多无法控制的人生变故，使她终于领悟，要想破茧而出，在自己的后半生就应该做一件事：竭尽全力，掌控自己的人生。

2. 武人的成都，云来梦去

元和元年（806）秋，高崇文率神策军平定了刘辟叛乱。薛涛得知这事以后，心情激动，斗志高昂，为刘辟的罪有应得，也为作为西川黎民百姓中的一员对和平的渴望，薛涛马上向高崇文献了一首诗：

赋平后上高相公

惊看天地白荒荒，瞥见青山旧夕阳。
始信大威能照映，由来日月借生光。

政治叛乱，富饶的西川惨遭劫难，夕阳残照下，青山依旧，但天地间荒芜，满目疮痍，幸亏将军领军前来，拯救百姓于水火之中，其功德如日月之光，映照在西川上空。诗中流露出的颂扬情怀似有溢美之嫌，但仍能体会薛涛得知叛乱平息后惊喜交加的心情，是发自内心的由衷赞扬。钟惺在《名媛诗归》评价此诗："开口自然挺正，而有光融磊落之气"。

同年九月,高崇文任剑南西川节度使。远在边地的薛涛,得知这一消息后,开始积极谋划自己的出路。她向新任川主献诗,请求释回成都:

> 萤在荒芜月在天,萤飞岂到月轮边。
> 重光万里应相照,目断云霄信不传。
>
> 按辔岭头寒复寒,微风细雨彻心肝。
> 但得放儿归舍去,山水屏风永不看。

飞萤在蛮荒边地啾啾挣扎,明月高悬于浩瀚夜空,任凭飞萤使劲浑身气力,也无法靠近,享受月光的沐浴,但是仍然渴望月的光辉能照到边地,接收到来自您的信息。边地的极寒连马辔都能感受到,连绵不断的寒雨使人心中更加寒冷,如果您能放我归去,我将永远感激您。

两首诗都充满着矜持的望恕之情。自比为"萤",将节度使大人比作"月","萤在荒芜月在天",喻示两人地位和身份的天壤之别,既是对节度使大人的恭维,又是自贬身份,苦苦祈求。作为一名地位卑微、孤立无援的乐伎,被卷入政治旋涡中,明明没有过错,却要放下尊严,百般祈求,一方面要争取让自己的才情打动大人,一方面又要恰到好处地恭维,既要让对方舒服,又不至恶心自己,才能为自己的人生赢得一丝转机的可能,难以想象那种处境对人的情商的考

* 奉承求饶是技术活,从来都是。

验，对人的性格的磨砺。薛涛此时内心的苦楚真是不能为外人道。

薛涛流传下来的向诸多节度使大人的献诗，多写得不卑不亢，自然挺正，以"无媚气""无雌气"著称，唯独两次在边地写给领导的陈情诗中，有非常女性化的措辞，其中一个就是这组诗中的"儿"，再就是五年前初次罚往松州军营给韦皋献诗中的"妾"。尽管想要做到有尊严，薛涛依然知道该采取怎样的姿态才能打动大人，将这两首诗放在其他献酬诗歌中对比着读，时隔千余年，依然能感受到字里行间的屈辱与泪光。

高崇文读到诗后，果然被感动了，不久，薛涛被释回成都。

女人写一首诗，然后使自己获得拯救，这种事，不止发生在唐代薛涛身上。传说宋代有个叫严蕊的营伎，有几分才情，受到天台郡守唐仲友的赏识，当时朱熹与唐有过节，就想找个法子整唐，他把严蕊拖来，严刑拷打，逼她承认与唐仲友有私情，严蕊"一再受杖，委顿几死"。[8] 后来新任巡按岳霖可怜她，命她写一首词为自己辩白。严蕊随口做了一首《卜算子》："不是爱风尘，似被前缘误。花落花开自有时，总赖东君主。去也终须去，住也如何住。惹得山花插满头，莫问奴归处。"因为这首词，严蕊得以脱籍。

又如杨湜在《古今词话》里记载的一个故事。妓女聂胜琼写了一首诗寄给离开自己的客人,表达思念之情,后被客人的妻子发现,赞其才情,喜其语句,遂自己出钱,张罗着替丈夫娶她进门,这是要多热爱文艺的文艺女青年才有的胸怀啊。明人陈耀文在《花草粹编》中也写了一则成都妓女尹温仪因为一首诗词,换得了自由的故事。这类故事有个共同点,女主人公均以才自拔。

* 文艺女青年也可以很贤淑。

在传统的男权社会,对女性而言,作诗本身就是使自己身上纯粹的女性气质逐渐褪去,而罩上一层中性的光辉。这对男权是小小的僭越,这僭越又因为来自女性,而增添了其独有的刺激的魅力,正如陶慕宁先生所写道的:"社会在剥夺了多数女性求知的权力,迫她们严守'妻纲''女德'的同时,却要求少数女性掌握高雅的语言文字知识和技巧,以备士大夫的特殊需要,这是中国封建文化独有的现象。"9 于是,少数女性那作诗的才情,就像女扮男装的祝英台身上的那件男式褂子,有趣的是,这件男式褂子在男人的本意,是当作一种基于性魅力基础上的所谓情趣,却有女性中的佼佼者,穿起这褂子来颇显得有模有样,让人不由得要严肃对待。薛涛幕府生涯的后期便是如此。

高崇文,《旧唐书·武元衡传》里说他"理军有法,而不知州县之政"。这个家伙打仗有一套,却不是当节度使的料,持续一年的政局动荡所造成民生的凋敝，需要做大量的工作才有望恢复。高崇文在任上仅待了几个月，就被繁冗的行政工作搞得力不从心，请求朝廷让他离任。

次年年底，高崇文行将离蜀，离任前的酒宴上，薛涛与高崇文行酒令，元代辛文房《唐才子传》中记载的这则轶事在薛涛的履历中，又添了精彩的一笔。其时，所行酒令为一字惬音令，令格为"须得一字象形，又须逐韵"。高崇文起令："口，有似没梁斗。"薛涛还令："川，有似三条椽。"高崇文戏问："奈一条曲何？"意思是，怎么有一条椽是弯的呢？薛涛笑云，相公为堂堂西川节度使，都用一个没有梁的破斗，我乃区区小民，用一根曲里拐弯的椽又何足为怪呢？众宾客大笑。

历朝政坛，纯粹的武将都不那么招人待见，在文臣看来，他们都是一群没文化的粗人，所以武将附庸风雅时，便显得特别逗，像猪八戒穿上了西装。除了行酒令时闹笑话，高崇文还有一则写诗轶事。话说是高崇文任剑南西川节度使的那个冬天，天降大雪，按惯例，幕府幕僚都要陪同府主赏雪，赏了一会儿雪，幕僚们再以雪为主题吟了一会儿诗，不知道高崇文将军是真的也诗性大发，还是猴子派来的逗比，故意扫大伙的兴，他说："诸君子为乐，殊不见顾鄙夫，鄙夫虽武人，亦有一诗。"于是摇头晃脑吟起诗来："崇文崇武不崇文，提戈出塞号将军。那个髇儿射落雁，白毛空里落纷纷。"[10] 细读此诗，其实在打油诗的级别中，还算有水平的，远远好过军阀张宗昌的大作。张将军的这首打油诗流传甚广，写闪电的：忽然天上一火镰，莫非玉帝要抽烟。如果玉帝不抽烟，为何又是一火镰。

也许，高崇文急切地想离开幕府，就是被这群文人搞得烦透了，动不动就吟诗作赋，数不清的文学茶话会，吃个饭喝个酒也叫人不安生，在他看来，当个鸟节度使远不如每日在禁军中弄枪使棍来得安逸。

元和二年（807）十二月，高崇文离蜀，但新任节度使武元衡已经上任，工作交接顺利，西川局势渐趋平稳，百姓生活渐趋安定。过去一段时日，薛涛遭遇了一连串凶险际遇，此时惊魂甫定，她要出外散散心。

薛涛去了斛石山。此时，韦皋去世也已两年了。这两年发生了太多的事，当真是，恍然间沧海变桑田。经历人生的大起落，经历命运罅隙中的绝处求生，薛涛再游旧地，登眺斛石山，忆想当年陪侍韦皋游历此处的点滴，她睹物怀人，感情复杂。

寄 词

菌阁芝楼杏霭中，霞开深见玉皇宫。
紫阳天上神仙客，称在人间立世官。

斛石山云遮雾绕，一如神仙幻境，美妙绝伦。云蒸霞蔚中，似乎能瞥到传说中屋檐玲珑、峥嵘的玉皇宫。倘若紫阳仙境中的神仙询问，您在人世间的功业一定也会让他们慨叹不已！

> * 安息吧，这诗若是能传到黄泉，两人可以彻底和解了吗？

往事如烟，回忆渐渐捻灭了胸口那团怨恨之火，作为战乱的幸存者，与死神擦肩而过，又目睹过刘辟带给西川的荼毒、高崇文在治蜀上的无所作为，韦皋时期西川21年的和平愈发显得无比珍贵。薛涛回忆起韦皋，充溢胸襟的满满都是敬仰之情，韦令公定会上天堂，连天上的神仙见了他，也一定会称赞他在人间的盖世功勋。最初的信任，最初的依恋，最后的怨恨，渐渐烟消云散，只有无尽的，无尽的，敬仰与怀念。

注释

1 蹇长春，《白居易评传》，74页。
2 同上。

3 《剑桥中国隋唐史》，476页。

4 《剑桥中国隋唐史》，462页。

5 张国刚，《唐代藩镇研究》，36页。

6 《剑桥中国隋唐史》，561页。

7 《剑桥中国隋唐史》，477页。

8 《齐东野语》，卷二十。

9 陶慕宁，《青楼文学与中国文化》，97页。

10 《北梦琐言》，卷七。

四

最文艺的时光

还成都后,即脱乐籍,退隐于西郊浣花溪,种琵琶花满门。

——张蓬舟《薛涛诗笺·薛涛传》

1. 没有一只鸟喜欢笼子,即使是金子的

薛涛在边地献给高崇文请求释回的组诗,据说是一诗两献,同时也献给了另一位大人,武元衡。这是可能的。薛涛尚在边地时,西川时局动荡,一桩桩事件走马灯似地一波接着一波,刘辟篡权,高崇文入川,叛乱被平,高充新一任西川节度使,武元衡入川,工作交接,到元和二年(807)年底高崇文最终离任,前后持续了约两年。局势本身的不稳定,外加古代通讯落后、信息传达滞后,薛涛无法准确获知,所献诗歌抵达西川幕府时,前后两任节度使的交接工作进行到哪个阶段了,谁说了算,保险起见,还得一诗两献。文学史上,这一组诗就以《罚赴边上武相公》的标题流传。

武元衡,中唐名相,被誉为"真宰相器",《唐书》本传形容他"为人雅性庄重,淡于接物"。武元衡是武则天家族的后裔,于建中三年(782)举进士,陆续做过藩镇幕僚、监察御史、县令、部员外郎、御史中丞,官声都不错。元和二年,武元衡第一次被提拔为宰相,短暂的任职期内,与唐宪

宗相处愉快，建立了互相信任的君臣关系。也是在这次任内，武元衡既显示了政治才干，又为后来自己的悲剧埋下了伏笔。

长江三角洲盛产水稻，经济很是富饶，这里的浙西镇节度使李锜，气焰便有些嚣张，不把宪宗放在眼里，数次挑衅，于是"武元衡坚定地要求皇帝对负隅顽抗的浙西节度使李锜采取强硬路线"[1]。事实证明，武元衡的策略是对的。也就在这一年，宪宗委派武元衡任剑南西川节度使，恢复被刘辟叛乱毁坏而武将高崇文又无力恢复的社会、政治秩序。

元和二年十月，武元衡入蜀。对于蜀中薛涛的诗名，武元衡进川之前想必已有耳闻，又在求情诗作《罚赴边上武相公》中再次见识，使他对这位才女的坎坷命运格外同情，因此，薛涛回到幕府以后，作为西川最高行政长官，武元衡允许她脱离乐籍。对薛涛来说，这简直是从天而降的惊喜。从年少被召入幕府，十多年过去，风光过，也屈辱过，却始终无法逃脱囚禁自己的乐籍的牢笼。比起韦皋的骄横和占有欲和控制欲，此后八年，武元衡在薛涛人生中所扮演的角色，更像一个提携后辈的长者。在27岁的年纪，薛涛总算遇到了一位真正的贵人。但武元衡所给予薛涛的，还不仅于此。

与高崇文的节度使工作交接完毕，行将走马上任的武元衡，看到战乱刚刚平息的西川,满目疮痍,民不聊生,政策腐坏,而且了解到崇武不崇文的高崇文,竟也是面狠心黑的主,他离开成都时,将本来就很脆弱的成都,从里到外再次搜刮一番,"尽以金帛、帘幕、伎乐、工巧行,蜀儿为空"²。蜀地一片狼藉,百废待兴,千头万绪的工作,不知从何着手,武元衡被派来西川,本来就不是心甘情愿,这一来,进川途中就已郁积的一腔苦闷,愈发沉重。某一日,或许在又一个郁闷的时候,百无聊赖,武元衡将自己在进川途中、遭遇"蜀道难,难于上青天"时所写的诗找出来。这首诗是《嘉陵驿诗》,在四川广元境内的某处驿所所写。

悠悠风旆绕山川,山驿空濛雨似烟。
路半嘉陵头已白,蜀门西更上青天。

山风萧瑟,鞭打着山川,从驿站望出去,山涧里细雨朦胧,这传说中的"蜀道难"可是真格的啊,我才走到嘉陵驿站,就已经发愁得头发都白了,何况还要收拾西川那个烂摊子。斗志消沉,对自己出任节度使的忧虑,溢于字里行间。

武元衡派人将诗送到薛涛处求唱和,大约也顺便求安慰求激励吧,不然那牢骚发得就没意思了。他对薛涛的看重,不言而喻。薛涛了然川主心思,唱和一首《续嘉陵驿诗献武相国》。

* 纸信时代的求粉求赞方式。

蜀门西更上青天，强为公歌蜀国弦。

卓氏长卿称士女，锦江玉垒献山川。

续诗第一句，薛涛引用武诗末句，有赞同意，认可武诗中所表达的对西川局势的悲观估计，第二句，用"强"字转折，反武诗原意，亦扫低徊情绪，夸耀蜀地锦绣风光和风流人物，鼓励新任节度使，他此番入川定会不虚此行。"蜀国弦"是赞咏蜀地风光的乐府歌曲，"卓氏长卿"指卓文君和司马相如，他们经常为蜀中文化的代言人。"锦江""玉垒"化用杜甫名句"锦江春色来天地，玉垒浮云变古今"，赞蜀地山川之美，对新任将帅既有热烈的欢迎，也有殷切的期盼之意，期盼他给予蜀地百姓以和平、富庶。钟惺评论此诗："如此品骘，评者受者，俱不愧也。"

* 已不再是少女不知愁滋味了。

从此诗开始，薛涛幕府生涯的后期，她与川主及幕僚唱和诗歌呈现一个重要特点，即关心时局。当她被罚赴松州军营，她亲眼所见战争的残酷，当刘辟叛乱，她体验到和平的可贵，这些经历都对她人生后期的诗歌创作，输送了新的营养和启示。

武元衡展开诗作一看，嗯，果然不错哦，于是萌发了一个心思，向朝廷奏请薛涛为西川节度使幕府的校书郎。找一个才貌双全的女诗人做秘书，平素整理整理文案，写写讲话稿，吃饭喝酒时来一首诗助助酒兴,真是又养眼又养心,任何领导肯定都会觉得倍儿有面子。但尽管薛涛已经脱籍,让一个女人做校书郎,即便在相对开放的唐朝,也是史无前例。何况,武则天上位,紧接着上官婉儿、太平公主、韦皇后等一些女人捣乱,再加上大名鼎鼎的"女祸"杨玉环的祸害,中唐朝廷的男人帮对女人们更加警惕,"玄宗朝以后,宫廷不但未再出现女性意识的痕迹,皇族的妇女文化反而发生了'儒教化'的趋势"4,总的来说,女人的地位都不如从前了,朝廷当然不会为了区区一个薛涛破例。但武元衡奏请薛涛为校书郎一事则成为佳话,传播开来,著名诗人王建便在与薛涛的唱和中称她为校书。

* 虽无官方证书,但已有过人之名。

寄蜀中薛涛校书

万里桥边女校书,枇杷花里闭门居。
扫眉才子知多少,管领春风总不如。

"万里桥"是中唐成都的闹市区,亦是薛涛经常闲逛之地。薛涛素来爱花,在她脱籍后的居处,种菖蒲、枇杷满门,花木葱茏中,居所掩映其中,既热闹又遗世独立,所以王建称她"枇杷花里闭门居"。"扫眉才子"指薛涛,自此,后世多用"扫眉才子"喻有才华的女子,比如明朝诗人王鸿《柳絮泉》中"扫眉才子笔玲珑,衰笠寻诗白雪中",这里的"扫眉才子"是指李清照。王建后两句诗歌对薛涛评价甚高,有才华的女子不知有多少,却唯有成都薛涛独领风骚。

2. 韦氏的遗产，她和孔雀

新官上任，节度使幕府照例须举行酒宴，薛涛与其他幕僚一道迎接新任府主。环顾如今幕府，让人不胜感慨。幕府中的景致、陈设一如当年，孔雀还在，她薛涛还在，段文昌也在，但大部分人的面孔都是新鲜的、陌生的，想当年韦皋在他的节度使专座上，纵横捭阖，运筹帷幄，是何等威风，当时情景还历历在目，如今却已化为一捧黄土，阴阳两隔，当真是世事无常。不仅薛涛有此感叹，在座宾客皆喟叹良多，武元衡还因此写了一首关于韦令孔雀的诗。诗前有小序："西川使宅有韦令公时孔雀存焉，暇日与诸公同玩，座中兼故府宾妓，兴嗟久之，因赋此诗，用广其意。"武元衡的诗里写道：

荀令昔居此，故巢留越禽。
动摇金翠尾，飞舞碧梧阴。
上客彻瑶瑟，美人伤蕙心。
会因南国使，得放海云深。

韦令公驾鹤西去，故府中却留下孔雀，想当初，主人在时，孔雀是何等的风光，"动摇金翠尾，飞舞碧梧阴"形容孔雀的华美舞姿，如今主人仙逝，独留孔雀在幕府徘徊。武在这首诗里慨叹人生的变迁，世事的无常，有意味的是"美人伤蕙心"这一句,"美人"无疑是薛涛,武诗将薛涛与孔雀并提,似乎她和它同是韦皋在这个世界的遗物。

对于川主的诗歌,诸位诗人均有唱和。韩愈和诗《奉和武相公镇蜀时咏使宅韦太尉所养孔雀》:

> 穆穆鸾凰友,何年来止兹。
> 飘零失故态,隔绝抱长思。
> 翠角高独耸,金华焕相差。
> 坐蒙恩顾重,毕命守丹墀。

白居易和诗《和武相公感韦令公旧池孔雀》:

> 索莫少颜色,池边无主禽。
> 难收带泥翅,易结著人心。
> 顶霜落残碧,尾花销暗金。
> 放归飞不得,云海故巢深。

王建和诗《和武门下伤韦令孔雀》:

> 孤号秋阁阴,韦令在时禽。
> 觅伴海山黑,思乡橘柚深。
> 举头闻旧曲,顾尾惜残金。
> 憔悴飞不去,重君池上心。

细观这几首唱和诗歌,都从不同角度写韦幕孔雀的憔悴容颜,不是"飘零失故态,隔绝抱长思",就是"顶毳落残碧,尾花销暗金",再不就是"憔悴飞不去,重君池上心",但主题不变,都喻指主人死了,恩宠不再,为悦己者容的孔雀失却往日的颜色,它的后半生的去留似乎也成了问题,是"得放海云深"还是"毕命守丹墀"?这难道不也是薛涛需要面对的?脱籍以后,她该何去何从?

3. 深红小笺

元和三年(808),薛涛摆脱"乐伎"这一身份的囚禁,离开节度使幕府,搬到了城郊。她的新居位于成都郊区浣花溪下游的百花潭,紧邻杜甫曾经居住过的百花潭草堂。薛涛在这里开始了她的新生活。

薛涛脱籍以后的打算,并非如王建诗里所描述的"枇杷花里闭门居",其时薛涛不到30岁,正当人生的好时节,还没有"闭门居"的想法。再说薛涛的性格向来脱略、洒逸,热衷交友写诗,那种因为人生受挫就从此低沉徘徊,躲起来舔自己伤疤的行为,从不是薛涛的风格。以前在幕府中,间或有寄人篱下的片刻的小忧悒,或者罚边这样的大悲伤,但这些都未能扼杀薛涛勇猛、生动的性格,也不会消蚀她身上热爱生活、热爱自然的天性。

薛涛为自己寻觅的新住处，便是用心良苦的。中唐时期，成都造纸作坊和造纸户大都聚居在浣花溪畔，这一带的造纸业具有响当当的名气。据载，此地造纸有三大优势。一、浣花溪一带盛产竹、麻、桑、木芙蓉等植物，都是造纸的原材料，居于此地，取材方便；二、浣花溪的水质好，"清滑异常，溪水含铁、锰及细菌，悬浮物极少，水的硬度也不大"，[5] 适宜制笺；三、浣花溪通锦江，交通便利，便于纸笺运输。

在此后的二十年中，除了日常的写诗、读书，薛涛一头扎进了制作诗笺的乐趣中，创制了流芳百世的薛涛笺，所谓"躬撰深红小彩笺，裁笺供吟，献酬贤杰"[6]。

中唐时期的成都，是西南政治经济中心，人文荟萃，文化发达。经济的繁荣促进了文化的兴盛，文化又带动造纸业的发展。但囿于技术局限，纸张的质量并不那么令人满意，据载，当时"纸张漫无规格，长短宽窄不一，纸的着色也很单调，虽有一些杂色笺纸流行，色泽都较俗陋，纸的加工亦以黄色为主，仍沿用晋代葛洪用黄柏树皮熬汁浸染的方法"[7]。薛涛对此想必早有看法。

> *薛涛可不是纯粹的文科生,还能做研发。

经过和自己团队的不断试验、折腾,薛涛研究出了新的制笺方法,以致元人费著在《蜀笺谱》里说:"纸以人得名者,有谢公、有薛涛。"谢公,即谢师厚,是当时四川的造纸名家,将薛涛与他相提并论,可见薛涛笺的声誉,但时至今日,人们只知有薛涛笺,而不知有谢公笺。明人何宇度在《益部谈资》里说蜀笺"至唐而后盛,至薛涛而后精"。这么出名,薛涛笺究竟有何神奇之处呢?

一、裁剪了纸张。从前的纸张漫无规格,用时须自行剪裁,着实不那么方便,薛涛笺的形制与现代信笺比较,宽度相近,长度约二、三寸,这样的一张纸恰是写一首诗的篇幅。薛涛笺以十张为一沓,随取随用,且便于携带。

二、唐人迷信,忌用白纸,所用纸张大都色泽单调、简陋的硬黄纸,薛涛在纸笺色泽上进行了改进,打破了硬黄纸一统天下的沉闷。据《中国造纸史话》载,薛涛根据前人用黄檗汁染纸的原理,以芙蓉为原料,煮烂后加入芙蓉花末,将花瓣捣成泥再加清水,制造彩色笺纸。明代科学家宋应星在其《天工开物》中,也提及薛涛的造纸染色工艺:"四川薛涛笺,亦芙蓉皮为料煮糜,入芙蓉花末汁,或当时薛涛所指,遂留名至今。其美在色不在质料也。"传说薛涛笺有十种颜色:深红、粉红、杏红、明黄、深青、浅青、深绿、浅绿、铜绿、浅云。数种颜色中,薛涛向来偏爱红色,她一直把自己写诗用的诗笺称为"红笺",比如"红笺纸上撒花琼""泪湿红笺怨别离""总向红笺写自随",因此诸多颜色的薛涛笺中以深红最有名,薛涛笺又名深红小笺。

三、制作工艺的改进,增添了花纹。据载:"薛涛在红花中得到染料,加进一些胶质调匀,涂在纸上,一遍一遍地涂使颜色均匀,利用书夹湿纸、用能吸水的麻纸,附贴染色的纸,再一张张叠压成摞,压平阴干。解决了外观不匀和一次制作多张色纸的问题。"[8]薛涛使用的涂刷加工制作色纸的方法,与传统的浸渍方法相比,有省料、加工方便、生产成本低的特点,类似现代的涂布加工工艺。

薛涛笺一出,立刻风行蜀中,受到诗人的热烈追捧,成为他们的案头必备。薛涛笺的制作工艺也自此流传下来,晚唐大诗人李商隐甚爱薛涛笺,他在诗里吟颂:"浣花笺纸桃花色,好好题诗咏玉钩。"另一位晚唐大诗人韦庄,也曾侨止浣花溪畔,他对薛涛笺的钟情从这首《乞彩笺歌》可看出:

浣花溪上花如客,绿暗红藏人不知。留得溪头瑟瑟波,
泼成纸上猩猩色。手把金刀擘彩云,有时剪破青天碧。
不使红霞段段飞,一时驱上丹霞碧。蜀客才多染不供,
卓文醉后开无力。孔雀衔来向日飞,翩翩玉折黄金翼。
我有诗歌一千首,磨砻山岳罗星斗。开卷长疑雷电惊,

挥毫只怕龙蛇走。斑斑布在时人口,满袖松花都未有。人间无处买烟霞,须知得自神仙手。也知价重连城璧,一纸万金犹不惜。薛涛昨夜梦中来,殷切劝向君边觅。

不仅中晚唐,薛涛笺在宋代亦风靡一时,宋代诗人沈立以王维的画比薛涛笺:"画思摩诘笔,吟称薛涛笺。"明代诗人杨升庵对薛涛笺称颂备至:"谁制鸾笺迥出群,云英腻白璨霜氛。薛涛井上凝清露,江令筵前擘彩云。"宋以降,历代也皆有仿制,光阴流转,每个时代所仿制的薛涛笺形制或有不同,但"薛涛笺"这一名称就此流传。薛涛制笺汲水的薛涛井也被传得神乎其神。明人包汝揖《南中纪闻》载:"薛涛井在成都府,每年三月三日,井水泛滥,郡人携佳纸向水面拂过,辄作娇红色,鲜灼可爱,但止得十二纸,遇年润,则十三纸,以后遂绝无颜色矣。"

* 从才女向女神的"进化"。

关于薛涛制笺,历来有两种观点。一种看法认为,薛涛毕竟乃一弱女子,尽管不同于一般大门不出二门不迈的闺秀,其行止、思维仍受时代限制,制笺当只是她的一种业余爱好。另一种看法为刘天文先生所持,她认为薛涛侨居浣花溪畔,是以"经营造纸为业",如是说,薛涛该是中国历史上少有的职业女性了。是仅为业余爱好,还是作为一门生意正经经营,也许界限并非那么明朗,弄个小作坊,雇两三个人做工,自己隔三差五去查看,把冒出的灵感火花加进去,不是没有可能，且薛涛身份特殊，以她的诗名，以她的交际网，以她频繁出入幕府这个大背景，纸笺生产出来，不愁找不到买家。中国传统文化人向来都有经营自己的方式，现金交易只是诸多选项中的一个，更多时候，艺术家的作品是在礼尚往来中通过礼物馈赠等形式来维持交易的微妙平衡。这种情况下，即使只是一位闺秀画家，也能为自己的作品找到销售渠道："可以将绘画作为社交礼物，就像男性文人业余画家那样，或是在个人或家庭出现经济困难时出售以贴补家用，或是为情况所迫须孤身独居时，作为一种受人尊重的谋生之道。"⁹

＊ 与只售才艺的才女不同，薛涛因为"产业"可以活得更"踏实"。

因为年代毕竟太过久远，再加上薛涛是女性，正史中难觅她的踪迹，各种庞杂的野史资料又往往穿凿附会、自相矛盾，但在薛涛履历中有一条信息，历来的研究者们都达成了一致：薛涛直至晚年退隐吟诗楼，从未有过经济上的拮据。无疑，这都得利于薛涛对自己人生的擅长经营。也许，一千多年前，薛涛的经历就已让她明白，作为一个女性，经济独立的重要。

4. 幕府，永远的来去与送逢

但对薛涛来说，人生的主场，不在制笺，还在幕府。即便脱离乐籍,薛涛也是幕府常客,与幕府中人酬唱往来,仍是她的日常工作。

幕府酒宴上出现新的面孔,经人引见,原来是幕府新来的书记(唐时元帅府及节度使皆置掌书记,简称书记)。初次见面,觥筹交错间,照例要唱和。薛涛也不谦让,大方奉上《和李书记席上见赠》:

> 翩翩射策东堂秀,岂复相逢豁寸心。
> 借问东风为谁丽,万条丝柳翠烟深。

薛涛不惜笔墨,盛赞这位李姓书记文采风流,令登科士子都相形见绌。唐时文人初次见面的诗歌唱和,让人觉得像武侠世界中学武之人在拱手拜会之前先要过上三招的惯例。或许诗歌中的遣词造句,对文字的运用技巧,亦相当于武者对各种功夫的掌握火候,所以到金庸小说中最顶级的武功倒不是真拳脚,而是玄而又玄与写诗一样讲究积累、渊源的内功。又说这初次见面的唱和、过招,或可解释为文人、武人的礼尚往来,这礼仪中还包括对对方文采的夸赞,拳脚上的点到为止,但高下亦在这泛泛交手中,自见分晓。对初到幕府的同事,薛涛不吝溢美之辞,映衬出她的自信。对自己诗才的自信,对自己在幕府地位的自信。

有人上任，就有人离任，有道是铁打的军营流水的兵，幕府也是如此。这次行将离开的是两位幕僚，一位姓范，一位姓汪。薛涛在合江亭为他们送别。合江亭为韦皋时期所建，不仅是文人游赏爱去的地方，据《蜀中名胜记》记载，也是唐人宴饯之地，"名士题诗，往往在焉"。

江亭饯别

绿沼红泥物象幽，范汪兼倅李并州。

离亭急管四更后，不见车公心独愁。

前两句勾勒送别情景、周遭环境以及即将远行的人。"车公"，东晋学者，以机敏、博学闻名，每逢文人雅集是制造欢乐气氛的高手。最后两句，薛涛以"车公"恭维两人，含蓄表达诗友离开，是幕府文学集会的一大损失。泛泛的送别诗，没有特别的动人之处，可说是应景之作，可以想见这二人平素与薛涛交往的平淡，似也能揣测薛涛每日例行公事、写久了这类迎来送往诗，内心的无聊无趣。

范、汪两位同僚行将离开成都，远走他地，而这位郭姓员外却又是远离家乡来到成都任职，或许入蜀时间尚短，还未能适应成都的生活，对家乡的牵挂时常挂在眉间、心头。这一日，薛涛陪郭员外游赏万里桥，万里桥人头攒动，热闹非常，希望能冲淡郭员外的思乡之情。

和郭员外题万里桥

万里桥头独越吟,知凭文字写愁心。

细侯风韵兼前事,不止为舟也作霖。

"越吟",典故,思乡之歌。"细侯",东汉郭伋,字细侯,光武帝称之为"贤能太守"。"为舟也作霖",典故,比喻济世能臣。前两句对郭员外思念远方亲人,表示深深的理解,后两句笔锋一转,用与郭员外同姓的东汉郭伋的故事,勉励员外当适时放下儿女情长,以工作、以蜀中百姓的福祉为重,做一位济世能臣。正如万里桥这一地名的由来,"万里之路,始于此桥",员外的辉煌前程,也当从蜀中任职开始。

> * 才女开始兼有政工的气质了。

这位郭姓员外,能将自己的乡愁诉于薛涛,想必早已将她引为知己。不同于范、汪同僚送别时的客套,薛涛除深切体恤员外苦闷,还不忘真诚鼓励,郭员外闻之,想必也会转忧为喜吧。

《新唐书》卷一五二记载,武元衡镇蜀三年便取得了"上下完美,蛮夷怀归"的治绩。如今西川和平,百姓安乐,幕府照例举行庆典,恭祝川主政绩。薛涛奉命前往,侍酒赋诗。

上川主武元衡相国

落日重城夕雾收,玳筵雕俎荐诸侯。

因令朗月当庭燎,不使珠帘下玉钩。

> 东阁移尊绮席陈，貂簪龙节更宜春。
> 军城画角三声歇，云幕初垂红烛新。

"玳筵雕俎""貂簪龙节""庭燎"这些富丽堂皇的形容，看来让人眼花缭乱，薛涛用之渲染节帅幕府盛宴的气派辉煌，也间接颂扬了川主的功绩和威严。落日晚照中，夜晚将近，薄雾散去，圆月爬上天顶，银色光辉倾泻而出，帅府的盛宴即将开始。镶嵌玳瑁、雕刻花纹的华贵器皿已经摆好，朗月当空，刚好可以充当烛光，只要不把珠帘放下来，酒杯中也将荡漾着月光。身着华服的达官贵人在筵席中穿行，醉意熏熏，虽然夜已渐深，他们仍兴致浓厚。"画角"，古时的一种管乐器，形似竹筒，军中多用其来报时。诗末两句是点睛之笔：夜色深远处传来军中画角哀厉高亢的声音，不知不觉，酒宴从黄昏持续到深夜，宴厅中已点燃蜡烛了。薛涛故意用军中画角来提醒行乐的人们，月已沉夜已深，可谓意味深远。钟惺在《名媛诗归》中评价此诗："整丽雄健中仍有秀气，故佳。"

幕府还是那个幕府，酒宴的豪华、奢侈依旧，一如韦幕当年，恍然间，有似曾相识之感。但经历两度罚边之苦的薛涛，已不是当年韦皋荫庇下那个不谙世事、只知沉醉于眼前繁华的小萝莉了。比较薛涛这组《上川主武元衡相国》和当年在韦幕歌舞会所写的《试新服裁制初成三首》：

> 紫阳宫里赐红绡,仙雾朦胧隔海遥。
> 霜兔毳寒冰茧净,嫦娥笑指织星桥。
>
> 九气分为九色霞,五灵仙驱五云车。
> 春风因过东君舍,偷样人间染百花。
>
> 长裾本是上清仪,曾逐群仙把玉芝。
> 每到官中歌舞会,折腰齐唱步虚词。

一个是当年的小女儿情态,集万千宠爱于一身,不问世间事,只因试穿乐伎新衣裳,也能高兴知足,一个是时隔十余年后在觥筹交错间,也不忘警醒"军城画角三声歇",告诫沉浸在酒宴欢乐中的人们,和平时期也不能忘乎所以。

戴伟华先生在其著作《唐代使府与文学研究》中,将唐代幕府诗歌,大致总结为四个类型:与府主的唱和、幕府文人间互相的唱和、各类宴饮游赏诗、送别诗。综观薛涛在她浣花溪时代中所作诗歌,大都在幕府诗歌的范围中,意即是说,此时薛涛所扮演的角色,不管名义还是实质上,都和一个幕僚无异。此一时彼一时,薛涛还是那个薛涛,但她已自觉褪去或者说着力隐藏自己身上的女性气质,积极向那个以男性为主的幕僚群体靠近。

> * 理性化同时就是男性化么?

5. 能脱伎为士者，薛涛才是真的不二

中国文学史上下几千年，以诗闻名的女性，薛涛或许不是最有名的，但无疑是最特别的。特别之处在于，她不属于我们常规的才女传统。比较一下薛涛和宋代与李清照齐名的女诗人朱淑真亦可知。朱淑真同样才情逼人，身为闺阁中人，她生活安稳，后遇人不淑，丈夫是个没什么文化修养的小官吏，两人没有共同话题，朱淑真诗作的视界，永恒地停留在"愁"和"怨"上。

对，"愁"和"怨"便是中国绝大多数才女诗的特点，即便李清照，也难脱这个程式。刘心武先生主编的《中国风流才女》一书中，总结了历史上才女诗词喜用的词句。瘦，病，愁，这三个词是高频率词汇。朱淑真的诗歌，"愁"字处处可见。随便举几例。"入眼翻成字字愁"，"非干病酒与悲秋"，"禁持诗句遣新愁"，"寂寂多愁客"，"多病发东风"。李清照最有名的词句，也大都和愁有关，如"柔肠一寸愁千缕"，"只恐双溪舴艋舟，载不动许多愁"，"怎一个、愁字了得？"清代曾有一部作品集《销魂词》，收录有95位女子的234首词作，有学者做过统计，这些词作中，平均约每两首作品便出现一个"愁"，每三首有一个"断肠"，每四首出现一个"哭"，总之，"与消极情绪相关的词汇出现总数达1600多次"。10

* 才女不离瘦病愁。

* 谁说中国人不喜欢"悲剧"。

美国著名汉学家宇文所安,在他编写的《诺顿中国文学选集:初始至1911年》中,唐代女诗人只有鱼玄机载入其中,宇文所安认为鱼玄机是唐代最与众不同的女诗人,"在结束了李亿的侍妾身份后,她成了一名女道士,这是一个可以使她拥有相对独立性的社交角色"。所谓"相对独立性的社交角色",或可理解为鱼玄机是个自由职业者,如果女道士不算一门职业的话。身为自由职业者的鱼玄机和古代文学史上众多身处闺阁没有职业的才女们有一个公共点,即,没有一个特定的领域来规训她们的负面情绪,便在诗歌中自由抒发自己的女性气息,抒发爱、怨、病、愁。薛涛与她们最大的差别在于,她是职场女性。她的职场便在节度使幕府。

> *薛涛与鱼玄机不同,她不失控。

从16岁,到现在将近30岁,从一位少女走到女性的中年,十余年的沧海横流,在宇宙中,也只是弹指一挥间。阳光一寸一寸淌过窗格,岁月在人的眉梢、嘴角,刻下印迹,曾经的徘徊、惶惑、恐惧以及绝境中、骨头里、指棱间、灵魂中发出铮铮的又是静默的嘶喊,又岂是那么容易忘怀的?两度罚边对于薛涛,刻骨铭心的屈辱,从边地回来,内心发生了重大的变化,而这变化直接投射到性格以及诗风上。

从韦皋的宠伎到罚边,薛涛对自己终究不过是一"伎"的身份有惨痛的认识。如果说之前在幕府薛涛是给达官贵人逗乐的"诗伎",浣花溪时期的薛涛,开始积极谋划由伎到士的角色转换，由于她的性别，她永远都不可能彻底摆脱"伎"的嫌疑，她能做到的，只是在"伎与士"的双重角色中，着力向"士"靠拢。从此时开始，薛涛向节度使大人的献诗，永远都慷慨陈辞，毫无媚气，比如"始信大威能照映，由来日月借生光""卓氏长卿称士女，锦江玉垒献山川""军城画角三声歇，云幕初垂红烛新"，而在与幕府诸公、好友之间的唱和，情真意切，尽力将自己看成是这个群体的一员，比如"细侯风韵兼前事，不止为舟也作霖""信陵公子如相问，长向夷门感旧恩"，没有那个时代所要求的女性向男性发送的邀宠信息，因为自身的庄重，她也为自己赢得了尊重。

薛涛所处的时代，是诗歌的盛世，仅仅因为诗才，为自己争取到赦免、获得求生的机会，今人或许有些难以理解。《唐诗纪事》卷四六记载了诗人李涉遇盗的轶事。李涉路过一个叫皖口的地方，一伙强盗跳出来。在古代，好像不是跳出老虎，就是跳出强盗，但还好，要搁到现在，跳出来的，十有八九是个变态。话说这强盗照例是要买路钱的，但看李涉文质彬彬的斯文样子，便问李涉何人，李涉自报家门，没想这强盗也是识字的，平素还读诗，而且极喜欢李涉的诗，便说，买路钱就算了，你给我写首诗吧，一首就够了。李涉倒也处变不惊，随即吟道："春雨潇潇江上村，绿林豪客夜知闻。他时不用相回避，世上如今半是君。"连强盗都是诗人

* 遇劫还能碰到粉丝。

的粉丝，可想而知了。

就剑南西川节度使幕府而言，不仅仅是一个政治机构，还是中唐蜀都文学圈的中心。从韦皋到李德裕的数位节度使，尽管战功显赫，出将入相，却都精通文墨，与当时的文化名人都有广泛的文学交游。而幕府内引进的人才，如符载、司空曙、欧阳詹、陆畅、裴说、林蕴、卢士玫、独孤良弼、王良士、段文昌等，大多是进士出身，后来又官居高位，韦皋幕府中的段文昌后来官至宰相，卢士玫官至京兆尹，司空曙为"大历十才子"之一，符载为蜀中才子，武元衡的幕僚中，裴度、杨嗣复、李程后来也都官至宰相。在这样浓郁的文学环境中，薛涛跻身其间，竞相唱和，正是其诗才的用武之地。

千百年后，当我们回顾薛涛这位不幸女子的一生时发现，薛涛生不逢时，在一个社会等级森严的时代，她堕入乐籍，周旋于达官贵人之间，浮荡在政治旋涡中，稍有差池，即被打入地狱。但是，她又生逢其时，是诗才赋予她以才自拔的能力，是诗才开拓了她不同于那许多湮没无闻的大家闺秀的视界，是诗才让她的名字镌刻在文学史，让后世的我们每每为之遐想、感喟。

的确，那是薛涛的时代。

6. 四时花

不制笺,也不去幕府应酬,浣花溪畔薛涛的日常生活,有几个方面,读书、写诗、写字、品茶、赏花,在浣花溪里泛舟,与文友切磋诗艺,与宗教界人士论道,完全可以当成一本文艺小资手册指南。

薛涛生性爱花,种花、看花,是她生活中的一个重要消遣,《唐才子传》中对薛涛的描述是"居浣花里,种菖蒲满门",不仅屋前种有菖蒲、枇杷、芙蓉花,屋后还有成片的竹林,紧邻住处的浣花溪沿岸有朱槿花,溪里还有莲花、菱花,每到春天,莺飞草长,繁花似锦,一如后来的人们对她住处的想象:"在这里,她仿佛置身于绚丽如霞的花海中。住处不远的地方,便是通往长安的大道,那里车水马龙,行人往来不绝。"[11]

朱槿花的花期,自然是不容错过的。

朱槿花

红开露脸误文君,同蒂芙蓉草绿云。
造化大都排比巧,衣裳色泽总薰薰。

首句写朱槿花开时的娇媚容颜,好比传说中的大美人卓文君,第二句化用古代笔记小说《西京杂记》中诗句"卓文君脸际常若芙蓉",用"同蒂芙蓉"比喻文君的双颊泛出的荷花般的光泽,"草绿云"以荷叶绿云状的柔滑比喻文君的秀发。从朱槿花花丛经过,衣襟上沾染朱槿花的香泽,让人熏熏然。

春日里的浣花溪,菱(水生植物,果实俗称菱角,可食用)和荇(水生植物,夏日开花,茎叶嫩时可食用)[12]肆意铺洒着大片的叶子,覆盖在水面,也是一番别致的风景。

菱荇诗

水荇斜牵绿藻浮,柳丝和叶卧清流。
何时得向溪头赏,旋摘菱花旋泛舟。

白色的荇菜茎牵扯着绿色的小水藻,两相较着劲,在水底下打闹、嬉戏,碧绿柔美的垂柳轻轻触碰、依偎着水面的荇叶,悠然而惬意。如此美景,让人迫不及待想要穿越到秋天,一边泛舟游赏,一边采摘成熟的菱角。

秋天终于姗姗而来。荷花经过盛夏绚丽的绽放,此时到了成熟期,薛涛便会放下手上的工作,带上侍女,在浣花溪里划着小船,采撷菱角、莲子。一派丰收的喜悦,也有《桃花源记》呈现出的那种与世无争的明净。

采莲舟

风前一叶压荷渠,解报新秋又得鱼。
兔走乌驰人语静,满溪红袂櫂歌初。

秋风乍起,浣花溪里莲叶田田,荷叶密密实实遮住了渠塘,小鱼在水下跳跃。采莲人、捕鱼人忙得不亦乐乎,到处一片欢腾和喜悦,回荡在初秋的凉爽中。兔走乌驰,夕阳西下,热闹的人语声渐渐静下来,人们陆续归去,却有身着红色衣裳的采莲女子们,兴致不减,她们一边采莲一边唱起船歌来,黄昏的溪畔因这歌声,愈发显得幽静、安详。

作为一个爱花人,青城山的金灯花更是不能错过。

金灯花

阑边不见蘘蘘叶,砌下惟翻艳艳丛。
细视欲将何物比,晓霞初叠赤城宫。

正值金灯花的花期,花开绚烂,盛装而出,繁盛的花朵在风中摇摆,气势压过了绿叶,以致只能看见繁花,却不见花朵下的绿叶,如果要将这一情景作比喻,正如一抹灿烂的晚霞映照在青城山的赤城宫。

下雨的日子,不能出行,只能躲在屋里,但在窗边看雨,也是一种享受。

九日遇雨二首

万里惊飙朔气深,江城萧索夜阴阴。
谁怜不得登云去,可惜寒芳色似金。

茱萸秋节佳期阻,金菊寒花满院香。
神女欲来知有意,先令云雨暗池塘。

九月九日,恰是登高望远、采摘茱萸、赏菊喝酒的时候,没想天光突然转暗,天际乌云翻腾,气温陡降,空气中寒意阵阵,预示着一场大雨即将来临,可惜了那一派金秋的美景,可惜了那茱萸、那秋菊,因了这雨,不能前去欣赏了。这突然而至的雨,想必是仙境的神女也为迷恋人间金秋美景,在她降临之前,先将雨和云遣到人间的吧。

7. 思梵

浣花溪时期的薛涛,与宗教人士的接触更加频繁。与诗友与僧侣、道士往来、唱和,是薛涛社交生活的一部分。

几位诗人品茶,静坐,有人建议在坐的僧人吹奏一曲,为大家助兴。

听僧吹芦管

晓蝉鸣咽暮莺愁,言语殷勤十指头。

罢阅凡书劳一弄,散随金磬泥清秋。

日本诗人那珂秀穗对这首诗的翻译如下:"鸣咽的晓蝉、夜莺/那是十个指头的技巧所成/诵经罢了戏吹笛管/散入秋意的清澄。"有意思的是,薛涛在这首本是"听乐之感"的小诗中,注入了一丝不易察觉的忧悒。僧人的芦管声时而如晓蝉哀鸣,时而如暮莺悲愁,却不见一个看破红尘、无牵无挂的僧人本应有的冲淡、潇洒,尽管这瞬间的哀伤、悲愁都消散在清秋的空气中,僧人欲语却休的矜持难免让在座的薛涛遐想他的曾经、他心中或也泛起过的涟漪。

* 是薛涛想多了,还是僧人真的心中有个故事呢?

在峨眉山修炼、德高望重的杨姓大师,薛涛久仰其大名,这次有缘相见,薛涛果然为大师的非凡气度所折服。

酬杨供奉法师见召

远水长流洁复清,雪山高卧与云平。

不嫌袁室无烟火,惟笑商山有姓名。

诗歌第一二句勾勒杨大师长年修炼之地峨眉山的壮丽景致,远水长流,雪山高卧,与大师风神相得益彰。"袁室",典故,东汉一个叫袁安事的人"为与世无争,自筑室与世隔绝"。"商山",典故,秦朝东园公、夏黄公、绮里季、用里先生四个白头发白胡子的老愤青,不满秦政暴虐,共入商山修行、隐居,世称"商山四皓"。后两句中,薛涛借袁安事、商山四皓的典故,称赞大师潜心修炼不为世俗所诱惑的高洁品格。

扶炼师在成都小住几日,与薛涛等众位诗友品茶、写字、题诗,相处甚欢。薛涛的书法,后世《宣和谱》有"作字无女子气,笔力峻激,其行书妙处,颇得王羲之之法"的美誉,可不是浪得虚名,这不扶炼师就倍加赞赏,还曾向薛涛求字,薛涛荣幸备至。现在,炼师即将离开成都锦浦,启程远行。薛涛写诗为大师饯行。

送扶炼师

锦浦归舟巫峡云,绿波迢递雨纷纷。
山阴妙术人传久,也说将鹅与右军。

炼师远行,即将经行三峡,三峡奇险天下闻名,此时的薛涛虽还未亲历,但想象炼师一叶孤舟在三峡的汹涌波涛上飘摇、在风里雨里辗转,担忧之情溢于言表。"山阴",今浙江绍兴。"右军",王羲之,传说王羲之爱鹅,山阴的一位道士擅长养鹅,王羲之闻之前往,并想将鹅买回,道士说,你若赠我一副《道德经》,我便把鹅全送给你。在后两句,薛涛抖擞精神,借山阴道士和王羲之的这一典故,回顾炼师曾向她求字这一桩让两人都开心的往事。

依薛涛的性格，如果当时就有微博，她肯定是第一批开微博的人，不工作的日子，每日呼朋唤友，在微博、在文人雅集，积极与人互动，并会不停的晒照片，既晒薛涛笺，晒制笺作坊内的工作情况，也晒花的照片，还会晒诗，晒书法，水墨淋漓中深红小笺上，薛涛心满意足经营她脱籍后的人生。

时隔千余年，遥想浣花溪畔的薛涛，那时元稹尚未闯入她生活，惊扰她平静的日子，她一定过得很小资很逍遥。有时觉得，在遭遇爱情之前，无论怎样惊心动魄的际遇，人的身心至少都是囫囵的、相对完整的，仍有大的力气去阻挡命运的袭击，在被击倒后重新站起。只有爱情，能激发起人满满的正能量，又能激发起所有无可救药的痴念和深入骨髓的卑微感。

注释

1　《剑桥中国隋唐史》，573 页。

2　《新唐书·高崇文传》。

3　《薛涛研究论文集》，122 页。

4　邓小南、王政、游鉴明，《中国妇女史读本》，116 页。

5　《中国造纸》，1993 年第 6 期。

6　费著,《纸笺谱》。

7　《中国造纸》,1993年第6期。

8　同上。

9　高居瀚,《画家生涯:传统中国画家的生活与工作》,75页。

10　乔以钢,《中国的风流才女》,21页。

11　乔以钢,《中国的风流才女》,84页。

12　陈文华,《梦为蝴蝶也寻花》,55页。

五

唯一的爱过

府公严司空绶,知微之之欲,每遣薛氏往焉。临途诀别,不敢挈行。

———(唐)范摅《云溪友议》

1. 元稹的八卦

要讲大才子元稹和薛涛的爱情故事，就不得不先说说另一个著名女人：莺莺。

历史上的名女人多了去了。她们的故事大多凄美，悲剧但不悲催，还多少传递了一些正能量。杨玉环最后不得好死，还落了个红颜祸水的千古骂名，但人家活着时可是享受了一辈子专宠，是个很励志的胖子。卓文君与人私奔，又在街上卖酒，却有个有钱的老子和有才的老公，留下千古美名，夫复何求？杜十娘命不太好，可她有钱啊，当着贪财的情人的面，把自己和藏宝贝的保险箱一块给沉了，那一刻的痛快、解恨，有些人活一百岁也未必能体会。就算董小宛这样的绝代也几乎绝种了的"好"女人对冒辟疆的爱，怎么看都有些"卧冰求鲤"的自虐，可人家自个儿兴奋着呢，最后还在冒辟疆的文章里给永生了。这类故事很多，但不管怎样，莺莺跻身这些名媛的行列，仍然是最特别的。她的出名，仅仅因为，她被抛弃了。

《莺莺传》自诞生之日,就受到人民群众的广泛喜爱,因此,围绕《莺莺传》就陆续有了不同的变种,如元稹同时代人李绅就写了《莺莺歌》,宋代有《莺莺传》话本,后来再经由各种版本的西厢故事,特别是元代王实甫的杂剧《西厢记》,张生、莺莺、红娘这三大主角可谓家喻户晓了。至于《莺莺传》的故事梗概,简言之,讲一个颇有文采的男作家把一个文艺女青年骗上床、后又将她抛弃的故事。

说莺莺是文艺女青年一点儿也没错,由她那胳膊肘往外拐的丫鬟红娘对张生透露的信息,我们知道莺莺的追求者大有人在,而且不乏官二代、富二代,却都不入莺莺小姐的法眼,因为她"善属文,往往沉吟章句",她一吟诗,那些不学无术的纨绔子弟们愣是对不上这暗号,只好悻悻而归。吃里扒外的红娘教张生怎样赢得小姐芳心,"君试为喻情诗以乱之,不然,则无由也"。写情书可是张生的拿手好戏。他当即就写了《春词》二首:

> 春来频到宋家东,垂袖开怀待好风。
> 莺藏柳暗无人语,惟有墙花满树红。
>
> 深院无人草树光,娇莺不语趁阴藏。
> 等闲弄水浮花片,流出门前嫌阮郎。

元稹在第一首的第三句和第二首的第二句,故意嵌进了

"莺"字，以莺莺之名以寄情意，挑逗女文青。"阮郎"是东汉一个叫阮肇的家伙，他进天台山采药，遇到两位仙女，寂寞加饥渴的仙女们留住他，管吃管喝，还以身相许。元稹借这个故事来比喻自己和莺莺的相遇。作为一个现代人，着实看不出这两首诗的兴奋点在哪，可莺莺果然按捺不住了，当即就回了一首诗：

明月三五夜

待月西厢下，迎风户半开。

拂墙花影动，疑是玉人来。

张生从这诗里读出了对来自于他的挑逗的反应，当晚就翻墙过去了。以后每次约会，都是红娘把莺莺拉进张生房间，然后自己在门口望风。这位把自家小姐推进火坑的红娘，赢得了后世男人们的赞扬，称她是"千秋巾帼一红娘"，也许每个想吃天鹅肉的癞蛤蟆都希望天鹅身边有这么个善解人意的妞。

整部《莺莺传》，鲁迅先生的评价是："文过饰非，遂堕恶趣。"至于张生这个人，几乎所有学者都考证为元稹本人，陈寅恪先生《元白诗笺证稿》说："《莺莺传》是微之自叙之作，其所谓张生即微之之化名，次固无可疑。"鲁迅先生在《中国小说史略》里也说："元稹以张生自寓，述其亲历之境。"莺莺在历史上留下了痕迹,说得刻薄一点,还真得感谢元稹,她的才貌、品质、内心的焦虑、还有她这类闺秀被情人抛弃以后的人生,透过《莺莺传》都约略能捕捉到。也因了元稹,莺莺才不会像元稹靠写诗勾引过的大多数女子,在历史的风尘里沉寂,某种程度,莺莺连薛涛的风头也盖过了,至少在元稹的故事里是如此。

2. 渣男们的大唐

元稹年轻时是非常风流好色的。白居易形容元稹的外貌:"仪形美丈夫",元稹给自己的画像也是:"性温茂,美丰容"。长得这么好看,又有才又自恋,不风流真是糟蹋自己了。到长安做公务员的那阵,元稹已是二十来岁血气方刚一大小伙子,在老家陕西凤翔那僻陋之地憋久了,没见着几个漂亮女人,混迹长安,终于见了世面,但婚龄又在逼近,于是就有种抓住青春尾巴猛拽的发狠。那些悠悠时光中,元稹与同为秘书省校书郎的死党白居易一块儿,访遍了长安大大小小的红灯区。后来元稹在《酬翰林白学士代书一百韵》中回顾自己年轻时的风流:"密携长上乐,偷宿静坊姬。癖性朝慵起,新晴助晚嬉。相欢常满目,别处鲜开眉。翰墨题名尽,光阴听话移。绿袍因醉典,乌帽逆风遗。暗插轻筹箸,仍提小屈卮。本弦才一举,下口已三迟。逃席冲门出,归倡借马

* 婚姻果然是爱情之坟墓,进墓之前纵情声色。

骑。狂歌繁节乱，醉舞半衫垂。"整个一醉生梦死。白居易也在一首诗里回忆当年这段风花雪月："见君新赠吕君诗，忆得同年行乐时。争入杏园齐马首，潜过柳曲斗蛾眉。八人云散俱游宦，七度花开尽别离。闻道秋娘犹且在，至今时复问微之。"

对于自己二十多岁时的放荡行为，元稹有一套理论："登徒子非好色者，是有淫行耳。余是真好色者，而适不我值。何已言之？大凡物之尤者，未尝不流连于心。是知其非忘情者也。"意思是说，登徒子的"淫行"即便罄竹难书，可还算不上是真正意义上的好色（如果登徒子听见这话，准会被气死，自己白忙活了），因为真正衡量"好色"的标准不在"淫行"，而在"心"，可惜啊可惜，可惜我身体力行"淫行"了这么久，却没遇到一个叫我真正动心的人，我容易吗？按照元稹的理论，他真有点"天将降大任于斯人也，必先劳其筋骨"的况味，只是，只是，脸皮是不是忒厚了点？在这方面，他很好地实践了渣男的渣精神。但细观这一理论，再对照元稹之后在《莺莺传》的良苦用意，不能不觉得，元稹的行为并不是一个文人的狡狯那么简单，实际上整个都是费尽心机的。

唐时读书人行走江湖有三大法宝：鲜衣怒马、优游狎妓、饮酒作乐。那时候的文人多少都有些任侠的气概，可说是手无缚鸡之力、胸有鸿鹄之志。这气概里既有来自北朝的剽悍胡风的渗透、影响，也有初唐边塞诗中"平生多志气，箭底觅封侯"建功立业梦想的激励，也有盛唐气象中李白式"托身白刃里，杀人红尘中"为彰显自我的对权贵的不care。但安史之乱以后，国势日渐衰颓，读书人的心劲没有从前那么高，变得比较务实，不再说大话，专心享受生活，初唐、盛唐的那种盛大气场虽然不能学来，但好歹套路是齐全的，在摈弃建功立业的幻梦后，所谓"少年游侠，中年游宦，老年游仙"是文人实实在在的三个阶段性的目标。

* 文青人生的三段。

"少年游侠"中"侠"精神的宣扬又被毫不客气地省掉，直奔两个指标：喝酒，嫖妓。所以说中唐文人务实，他们比起动不动"人生得意须尽欢，莫使金樽空对月"爱说大话的初唐、盛唐文人，更擅长宣传自己。青楼不仅能平衡人的内分泌，每一个伶牙俐齿的姑娘就相当于一个自媒体，上至达官贵人，下至往来商旅，社会各种讯息在她们这得到汇聚、传播、转播，尽管或许多是以枕边话的形式发稿。文人若保持在妓院出现的频率，就是保持了曝光率，不仅让文人圈的作家熟悉自己，时不时给姑娘写首诗，被传诵的几率肯定大大增加，这也是奠定群众基础。在元稹的时代，科举虽然广开门路，迎来了大量庶族文人中的佼佼者，但说实话也带了点出身寒门的少年来自于穷街陋巷的混混气息。他们既能吃苦耐劳，像白居易那样为复习考试"以至于口舌成疮，手肘成

* 渣男走红的攻略。

胚",在抓住机会时,又有来自下层那种为搏出位而不顾体面的狠劲。照元稹后来人生历程中所展示的个性来看,他有急功近利且并不介意采取歪门邪道的习惯,他不会是一个逛妓院只为释放荷尔蒙的人。

于是,用一种很教材的说法,莺莺以被情人出卖的方式登上历史舞台,有两个原因,内因和外因。内因嘛,她刚好遇到了一个有文采的渣男,至于外因,则要归咎于中唐科举考试制度中的"行卷"。哎,种种机缘巧合,似乎注定了莺莺要以弃妇形象一举成名。

所谓行卷,程千帆先生在《唐代进士行卷与文学》中写道:"就是应试的举子将自己的文学创作加以编辑,写成卷轴,在考试以前送呈当时在社会上、政治上和文坛上有地位的人,请求他们向主司即主持考试的礼部侍郎推荐,从而增加自己及第的希望的一种手段。"因此,除了逛夜店攒人气,文人们最重要的一项社交活动就是结识有影响力有发言权的大V级人物,呈上自己的作品,争取获得他们的赏识。要想获得大V的青睐,就得有出奇制胜的妙招。

《旧唐书》记载,晚唐有个叫李昌符的人,颇有些诗名,却久不登第,终于忍不住,捐了节操,写了一组插科打诨、调笑婢仆的诗,在士人中间传唱,如:"春娘爱上酒家楼,不怕归迟总不留。推道那家娘子卧，且留教住待梳头。"这组诗在京城盛传，一方面"怪骂沸腾"，另一方面李昌符身价暴涨，第二年便中第了。如果说这个叫李昌符的家伙是在"奇"上做文章以博取眼球，终究有些难登大雅之堂，元稹的聪明便在于，他对时代精神把握的精准。

果然，长安传开了《莺莺传》。一夜之间，元稹上了京城新闻的头条。"由于这篇传奇深远而广泛的影响，元稹在当时的知名度大大提高了。无论是十八九岁的年轻男女还是六七十的垂垂老人，尤其是那在京城有地位说话很有分量能够左右科举录取人选的达官显贵，都知道有篇《莺莺传》，都知道它的作者元稹是一个出众的青年，技艺超群的才子。"[1]

《莺莺传》的卖点有三。一是莺莺的身份，大门不出二门不迈的大家闺秀，居然和一个男人搞上了，充分满足了人们的偷窥心理，而且莺莺作为正派人家的正经女子，其内心的剧烈冲突，譬如她委身元稹前的心理斗争："她在异性面前先是凛若冰霜，不可以非语犯，而后却以诗相答，情动于衷；待张生应约而来，她又突然变卦，严厉斥责，但不过数日，却主动身许。"[2] 这些反常的行为，给读者带来的是一种稍稍具有施虐的审美感受，从古至今，人们不是更乐意看良家妇女的失足吗？至今，"家庭主妇"都是情色频道的重要配备。

第二，不遗余力的情色描写。在《莺莺传》里元稹当真是铆足了劲，必须要上头条，不惜成为京城的"艳照门"。譬如这首仔细描摹整个床事过程的《会真诗十三韵》，历来被认为是中唐"艳诗"的扛鼎之作。

> 戏调初微拒，柔情已暗通。低鬟蝉影动，回步玉尘蒙。
> 转面留花雪，登床抱绮丛。鸳鸯交颈舞，翡翠合欢笼。
> 眉黛羞频聚，朱唇暖更融。气清兰麝馥，肤润玉肌丰。
> 无力慵移腕，多娇爱敛躬。汗光珠点点，发乱绿葱葱。
> 方喜千年会，俄闻五夜穷。流连时有限，缱绻意难终。

《莺莺传》的第三个特点，最能体现元稹的心机。如果只是一首调戏良家妇女的艳诗，最终难免落得哗众取宠的境地，元稹深知这一点。在《莺莺传》结尾，借张生之口，元稹发了一通评论："大凡天之所命尤物也，不妖其身，必妖于人。使崔氏子遇合富贵，乘宠娇，不为云，不为雨，为蛟为螭，吾不知其所变化矣。昔殷之幸，周之幽，据百万之国，其势甚厚，然而一女子败之，溃其众，屠其身，至今为天下僇笑。"

武则天、上官婉儿、太平公主、韦后等这些著名女人以后，玄宗时期开始，女人的地位就不如从前，又加上玄宗自己的杨贵妃，毁了盛唐气象不说，还让她的干儿子把玄宗给赶出了长安，可谓"女祸"中的极品。中唐时期，人生际遇被陡

* 中唐的反女性心理。

然改变的知识分子,对"女祸"存有满满的牢骚与怨恨,讨伐"女祸"成为当时的主流思想。"大凡天之所命尤物也,不妖其身,必妖于人。"元稹迎合主流观点,将"艳照门"迅速上升到了爱国情怀,这一招不可谓不高。

在文末,元稹为自己抛弃莺莺的行为找了个非常有说服力的理由:"予之德不足以胜妖孽,是用忍情。"他说像莺莺这么厉害的女妖物,我区区一平凡男子,既然战胜不了她迷惑我的妖术,就只能用"忍情",以儒家的"礼"战胜乱人心性的情,放下对她的爱情,一走了之了。说得非常高大上,好像自己是一烈士,这也正是为了迎合儒家思想中"礼"对士人的行为规范,从何自然而然地,他为自己的始乱终弃找了个读书人都不好意思说"NO"的立足点。不管从哪个角度,元稹的自我推销才能,都不输于当代任何一个营销高手,他对时代风潮的准确把握并加以利用,也是一大批愣头愣脑的文人脱了鞋都追不上的。相比之下,当代众多小明星单靠简单粗暴的绯闻炒作来争取上八卦头条的做法,只是学到了元稹营销的皮毛。

元稹旁征博引,说了这么多冠冕堂皇的话,来完成"始乱终弃为什么是合理的"这道论述题,陈寅恪先生对此颇不以为然,他在《元白诗笺证稿》一针见血地指出:"若莺莺果出高门甲族,则微之无事更婚韦氏。唯其非名家之女,舍之而别娶,乃可见谅于时人……但明乎此,则微之之所以作《莺莺传》,直叙其自身始乱终弃之事迹,觉不为之少惭,或略讳者,即职是故也。其友人杨巨源、李绅、白居易亦知之,而不以为非者,舍弃寒女,而别婚高门,当日社会所公认之正当行为也。否则微之为极热衷巧宦之人,值其初具羽毛,欲以直声升朝之际,岂肯作此贻人口实之文,广为流播,以自阻其进取之路哉?"简言之,若莺莺出身豪门,有个有权有势且刚好还在人世的爹,元稹就没那么多废话了。

* 文人攀附门第,是当时的正当行为。

贞元十九年(803)夏天,元稹终于如愿,迎娶了一个叫韦丛的女子,莺莺没爹,但韦丛有老爸,老爸韦夏卿还是个厉害角色,曾经当过首都市长,家世当然不错。按照唐代的习惯,如果女方家境好,男方就可以住到女方家,韦皋年轻时也是这样,陈弱水先生研究了大量墓志发现,"在唐代的士族文化中,夫随妻居虽非常态,也是习俗所许可的"。³ 元稹住进韦家宅邸,这种好日子,元稹以前还没过过,在后来的诗歌《追昔游》中,元稹仔细回味了从前在岳父家所享受到的荣华富贵:

> 谢傅堂前音乐和,狗儿吹笛胆娘歌。
> 花园欲盛千场饮,水阁初成百度过。
> 醉摘樱桃透小玉,懒梳丛鬓舞曹婆。
> 再来门馆唯相吊,风落秋池红叶多。

3. 川东的相聚，注定是场无望的艳遇

元和四年（809）三月，31岁的元稹授监察御使，出使东川，查证泸川监官任敬中的贪污案。东川，包括剑州、梓州一带，与成都的距离，相距四百多里，即使在当时，用元稹的话说，也是"往来于鞍马间"。

其时，薛涛29岁，在浣花溪畔制笺、写诗，"词翰一出，则人争传以为玩"的盛况，元稹必定早有耳闻，武元衡奏请薛涛为校书郎一事，更是让她名满天下。而元稹呢，除了《莺莺传》，他还是当时元白诗派的主力军。所以，见面之前，两人想必都已经很熟悉对方了。

但两人真正搭上线，还得靠一个叫严绶的人，正如之前元稹与莺莺靠的是红娘。自古就有这么一些人，见不得男孤女寡，见一个撮合一对，有些是天生的媒婆心里，乐见人间男女出双入对，比如红娘这样的热心老姑娘，有些则是别有用心，比如这个叫严绶的官僚，历来评价不高，"是个只会巴结宦官、庸俗无能的老官僚"[4]。元稹以后的人生都会和他扯在一块。

严绶这个老家伙，说起来还曾是薛涛的同事，据薛涛研究的权威人物张篷舟先生考证，"严绶初在韦皋幕，任成都尹，与

涛素稔"。后来严绶一路晋升，成为不可小觑的实权人物，公元805年的永贞革新中，和韦皋一块儿逼迫顺宗皇帝下台的藩镇头目中，便有他。元和元年（806），刘辟得镇叛唐，严绶上表请求出师讨伐，虽然他的功劳没有高崇文大，宪宗还是奖励了他的忠心，命他入长安当司空。当时，元稹参加了朝廷考试，策试第一名，被任命为左拾遗。这两个男人在长安相遇相识，凑到一块谈女人，聊着聊着就聊到了成都薛涛，史载，严绶始"知微之之欲"。

恰逢元和四年元稹出使东川，严绶便想成人之美。这于他本人没什么损失，举手之劳的事，但却可能换来元稹的感谢，多个朋友多条路，何况在官场。史载，严绶遣薛涛去梓州（今三台）会晤元稹。"遣"字，明显的命令意味，官架子十足。无论从官、民的角度，还是从薛涛在幕府的特殊身份的角度，作为一个没有背景的孤女，薛涛都不可能得罪一个官僚。不过，也许薛涛是欣然前往的，大才子、美男子这些标签，足够提升元稹的吸引力了。

初次约会，薛涛在梓州一待就是三个月，无论如何，都是不正常的，只能说明一件事，有故事发生。两人相处的场景，千余年后，只能让人想象。但此时的薛涛，经历韦幕荣光、两次罚边、韦皋之死、刘辟叛唐，不管和大家闺秀韦丛比，还是和元稹在风月场所见到的其他女子比，肯定都别有风致，不论人还是诗。薛涛《四友赞》据说写于这次约会期间：

> 磨润色先生之腹，濡藏锋都尉之头。

> 引书媒而黯黯，入文亩以休休。

四友，即文房四宝，笔、墨、纸、砚，薛涛各以一句诗描摹它们各自的特点，笔、墨、纸、砚这四个家伙，在薛涛诗中显得庄敬肃穆，很有震慑力，不像出自女人笔下。据说元稹起初对薛涛还有些看轻，乐伎写诗，花拳绣腿而已，但《四友赞》经写出，真功夫毕现，便折服了元稹。不过这对两人的关系，不见得是个好兆头。古时士人对女人诗艺的欣赏，更多的是一种狎戏，说得浅白一点，他吟出一句诗，你能接下句，可这一句必须接得恰到好处，既能显示你的才情、风情，又不能盖过他的风头，元稹为什么对莺莺恋恋不忘，莺莺那两句"拂墙花影动，疑是玉人来"写得多妩媚多挑逗啊。一旦挑逗变成挑衅，让他本来居高临下看着的你这个"小女人"，却硬要闯进他们的阵营分一杯羹，他们立马就警惕起来。成了对手的人，难以成为情人。

*对手难成情人。

关于这段时间两人疑是同居，元稹《使东川》诗集中，有一首《好时节》可以约略窥见他的态度。

春天里盛开的海棠花
好似一片瑰丽仙霞,笼罩在溪岸
连水面下游弋、嬉戏的鱼,身上都印着海棠花花瓣的碎影

对薛涛来说，从年少被召入幕府
十多年过去，风光过，也屈辱过
却始终无法逃脱囚禁自己的乐籍的牢笼

薛涛根据前人用黄檗汁染纸的原理
以芙蓉为原料，煮烂后加入芙蓉花末
将花瓣捣成泥再加清水，制造彩色笺纸

但对薛涛来说
人生的主场,不在制笺,还在幕府

阳光一寸一寸淌过窗格,岁月在人的眉梢、嘴角,刻下印迹
曾经的徘徊、惶惑、恐惧以及绝境中、骨头里、指棱间、灵魂中
发出铮铮的又是静默的嘶喊,又岂是那么容易忘怀的

白色的荇菜茎牵扯着绿色的小水藻,两相较着劲
在水底下打闹、嬉戏
碧绿柔美的垂柳轻轻触碰、依偎着水面的荇叶,悠然而惬意
如此美景,让人迫不及待想要穿越到秋天
一边泛舟游赏,一边采摘成熟的菱角

依薛涛的性格,如果当时就有微博,她肯定是第一批开微博的人
会不停地晒照片,既晒薛涛笺,晒制笺作坊内的工作情况
也晒花的照片,还会晒诗,晒书法
水墨淋漓中深红小笺上,薛涛心满意足经营她脱籍后的人生

只有爱情
能激发起人满满的正能量
又能激发起所有无可救药的痴念和
深入骨髓的卑微感

> 身骑骢马峨眉下，面带霜威卓氏前。
> 虚度东川好时节，酒楼元被蜀儿眠。

"卓氏"即卓文君，将薛涛喻为卓文君是元稹诗歌里反复使用的意象。尽管谦称东川时节虚度，以诗歌的形式记录下来，终究难掩其中的得意，或许还有炫耀。她可是薛涛哦。

元稹在东川共作诗32首，但在编辑时删了其中十首。既然删诗，哪些留下哪些去除，必是经过仔细权衡的，《好时节》能留下一定是刻意为之。有学者认为"尽管唐人比较自由而生活比较浪漫，饮酒狎妓，溺于声色，但同时也不能忽视唐代知识分子维护自身名誉的伦理规范"[5]，以风流著称的杜牧，在牛僧孺幕府时经常逛红灯区，给他领导知道了，领导"以风情不节"来提醒他，他也一反诗歌里那种放荡不羁的作风，支支吾吾搪塞领导，不敢承认有狎妓这回事。元稹的长安校书郎时期固然可以胡来，但那时他是单身且尚未正式进入权贵阶层，一旦进入这个阶层，就必须遵守这个阶层的一些规矩，从写《莺莺传》开始，元稹就熟谙这个游戏规则。何况当时元稹赴东川是要查处当地领导的不法行径，他自己必须小心，免得被人抓住把柄。种种缘由，注定了在元稹的人生中，薛涛的被隐藏，一如当初，莺莺的被出卖。

深思熟虑删了半天,为何又要故意留下这首《好时节》?这就是文人的作。一方面小心维持自己的政治身份和地位,另一方面又想经营自己风流倜傥的形象。最后一句"酒楼元被蜀儿眠",元稹对薛涛的感情昭然,他将与薛涛的关系置于嫖客与妓女的地位。酒楼,蜀儿,轻薄轻佻,其实也是他们情事的基调了。基调如此,结果也许早就蕴含其中。

31岁,正是元稹试图要有一番惊天动地大作为的年龄。与薛涛缱绻的同时,工作上元稹干劲十足,对当地官僚的贪赃枉法逐项展开调查。工作颇有效率,不久就查出前剑南东川节度使严砺贪腐的罪证,他在《弹奏剑南东川节度使状》中写道:"严砺在任日,擅没前件庄宅奴婢等,至今月十七日详覆完毕。追得所庄宅文案,及执行案典耿琚、马元亮等,校勘得实。"元稹的效率和公正受到当地老百姓的拥护,白居易后来在《元公墓志铭》中评论这次功绩:"名动三川,三川慕之,其后多以公姓字名其子。"但元稹也因此得罪了一批与严砺有旧的官僚,他们在宪宗面前谗言,构陷元稹。宪宗耳根子软,听进去了。六月,宪宗召元稹入京。

分别的时候到了,《云溪友议》中描述了薛涛为元稹送别时的情景:"临行诀别,不敢挈行,微之泣之沾襟。"

4. 走了心

《旧唐书·元稹传》载,"稹虽举职,而执政有与砺厚者恶之,使还,令分务东台",宪宗把元稹打发去河南洛阳。从长安动身时,妻子韦丛已有病在身,加上路途遥远,舟车劳顿,抵达洛阳不久,韦丛便去世了,留下一个四岁的女儿保子。元稹极度悲伤,写了不少怀念发妻的诗歌,其中最著名的莫过于《遣悲怀三首》,几乎成为后世悼念妻子的范文。

> 谢公最小偏怜女,嫁与黔娄百事乖。顾我无衣搜画箧,泥他沽酒拔金钗。野蔬充膳甘长藿,落叶添新仰古槐。今日俸钱过十万,与君营奠复营斋。

> 昔日戏言身后意,今朝皆到眼前来。衣裳已施行看尽,针线犹存未忍看。尚想旧情怜婢仆,也曾因梦送钱财。诚知此恨人人有,贫贱夫妻百事哀。

> 闲坐悲君亦自悲,百年都是几多时?邓攸无子寻知命,潘岳悼亡犹费词。同穴窅冥何所望?他生缘会更难期。唯将终夜长开眼,报答平生未展眉。

这一组诗中,元稹情感朴素、真挚、深沉,和前面所写的在

* 朝三暮四的元稹悼念前妻的悼诗情真意切,成了悼亡诗中的范文。

四川与薛涛幽会的艳遇诗《好时节》有天壤之别，后世评价历来很高，清代著名诗评家蘅塘退士评述道："古今悼亡诗充栋，终无能出此三首范围者。"

* 杜甫的故人半为鬼。

元稹仔细回顾了与发妻相濡以沫的生活点滴，丈夫没酒喝了，妻子就把金钗典当了给他买酒，没吃的了，还要出去挖野菜，让人不得不惊呼，喂，有必要这么夸张吗？好歹也是统治阶层的成员，会穷到这个地步？所以说不能过分抠字眼，人家元稹要表达的意思就是歌颂韦丛贤妻良母的伟大节操。浏览唐代墓志，凡是写妻子的，都不出这个套路，妻子都又当老婆又当妈，千百年来都把丈夫当儿子养。丈夫们呢，从墓志里从元稹的悼诗里，他们很以能成为妻子的儿子为骄傲。

《遣悲怀三首》即使是写于一千多年前，现在看来，字里行间说的那些事，也不觉得遥远、陌生，至今在很多的鸡汤类杂志上还能看到。以前看过一篇文章，悼念妻子的，男的说自己每次看到洗衣机都哭，因为妻子在世时把他照顾得相当妥帖，他连该死的洗衣机怎么用都不知道。

* 对你没"用"的人，你会常想起来吗？

发妻的死没有击垮元稹。元稹化悲痛为动力，刚到洛阳，就展开工作。这一次他又查出一大批官员的违法行为，有草菅人命的，玩忽职守的，利用职权打击报复的，等等。到此时为止，元稹都拥有一个心怀天下者的济世情怀，许多年后，当他在浙东吆三喝四、买醉涂鸦，和女歌星鬼混时，不知是否会回忆起自己当初在公务上的雷厉风行、公正不阿。

紧跟着，在河南尹房式的诈骗案件上，朝廷以为元稹处置不当，又将其召回。元稹的霉运从此开始。

回京途中，路经华州，元稹在一个叫敷水驿的驿站住宿时，碰到当时正得势的宦官仇士良一票人。元稹先到，住进了驿站最好的房间，仇士良要求他让出房间，元稹偏不让，于情于理于驿站规定，他都没错，两厢发生争执，仇士良的手下刘士元率一伙太监，冲进元稹房间，将其一顿暴扁。元稹在东川在洛阳的所作所为损害了宦官集团的利益，仇士良等早就恨他恨得牙痒痒，这个节骨眼元稹撞在他手里，自然成了他的出气筒。回长安后，仇士良恶人先告状，在唐宪宗面前把元稹编排了一番，宪宗与宦官集团的关系那是没得说，绝对好过他和职业官僚集团，于是，元稹被贬官，贬为江陵府士曹参军。这是元和五年早春的事。此次贬谪是元稹从官至今遇到的最大打击，他见识了宦官集团的嚣张气焰，他的三观也因此得到修正。

元稹的遭遇，迅速传遍全国，元稹的同僚、好友都为之鸣不平，白居易在诗中鼓励元稹："请看元侍御，亦宿此邮亭……

况始三十余,年少有直名。心中志气大,眼前爵禄轻。"远在成都的薛涛深深为之揪心,她寄诗予元稹,希望能给与些许抚慰。

赠 远

拢弱新蒲叶又齐,春深花落塞前溪。
知君未转秦关骑,日照千门掩袖啼。

芙蓉新落蜀山秋,锦字开缄到是愁。
闺阁不知戎马事,月高还上望夫楼。

门前菖蒲刚长出新叶,浣花溪岸春深花落,在这春光明媚的时节,传来元稹含冤遭贬谪的消息,天光迅速黯淡,她的心情随之昏黑,为情人的遭遇痛心,终于不能忍住,在欢笑追逐的游春人群中掩袖而啼。

"锦字",用锦织成的字。《晋书》载有一个叫苏蕙娘的女人织锦字回文诗寄给丈夫的故事,后世便用"锦字"指妻子寄给丈夫的书信。你收到此诗时,想必已到芙蓉新落的初秋,当你展开红笺,你能看到我为你担心的满满的伤愁。"闺阁"对"戎马",薛涛诗歌中罕见的小女人口吻,末句的"望夫楼"更是"以夫妇自况",[6] 直抒对元稹深情的爱慕与担忧。

在幕府,她的职场,无论面对府主还是幕僚,薛涛用她的不卑不亢维护着自己的尊严，但当她陷入情海、付出真情，盔甲被卸下，露出大丈夫身后小女子的谦卑，像张爱玲那句名言，她径直低到尘埃里去。正所谓，情不知所起，一往而深。薛涛希望能给心爱的人以抚慰、以勇气、以力量，在他危难、遭遇痛击的时刻，奉上自己的真心。这真心，有时候是无价，有时候却注定会被践踏。

* 倒贴有风险，多情应谨慎。

5. 千里来奔，求不得

江陵，在今湖北省。正史中的元稹，便是在他任职江陵士曹参军期间，开始变节的。

元稹与白居易，自贞元中同登科第，且同时授为秘书省校书郎，相识以后，渐成莫逆之交。两人同有声妓之好，在前半生又都有兼济天下的情怀，所以志同道合，很聊得来。但白居易的用世之志不如元稹来得深切。白居易曾在写给友人的书信里表达自己的观点："古人云：穷则独善其身，达则兼济天下。仆虽不肖，常师此语。大丈夫所守者道，所待者时……故仆志在兼济，行在独善。""穷则""达则"其实是时刻做好转身向林泉的准备，世界观如此，白居易人生后期埋首佛道、崇尚吏隐，就在意料之中。白居易是一个现实主义者。

元稹不同,元稹也曾在诗里抒发自己的抱负:"修身不言命,谋道不择时。达则济亿兆,穷则济毫厘。济人无大小,誓不空济私。"颇有些理想主义的色彩。如果说现实主义者最大的特点是擅长在处境中周旋,适时作出妥协,理想主义者的特点便是不懂"周旋",或是真的不懂,或是不屑,或是性格所致,万难退让。当他们飞蛾扑火誓为理想献身时,是悲壮可敬可畏的,可一旦颓废,转向另一个极端,放弃和背叛也是最彻底最坚决的,这一特点,尤其适合元稹的前后人生。

* 理想主义者的人生路是过山车。

元稹早年,壮志在胸,磨刀霍霍,是要干一番大事业的。其时,当朝宰相中有一个叫裴垍的人,对元稹格外欣赏,元和四年,元稹丁母忧期满,就被裴垍设法提拔为监察御史。有道是大树底下好乘凉,有宰相罩着,元稹对自己的遭人诬陷、被宦官打耳光、贬谪江陵等,都视其为"天将降大任于斯人也,必先劳其筋骨"的一部分,在赴江陵途中写下的诗歌,也不见丝毫颓唐:"我虽失乡去,我无失乡情。惨舒在方寸,宠辱将何惊。"

大树底下固然好乘凉,但有道是,树倒猢狲散,元稹贬谪江陵的那个冬天,裴垍突然中风,接着辞去相位,不久便蹬腿去世了,随着又一轮官员机构的重新洗牌,曾经裴垍提拔的人相继被罢职。元稹自知,裴垍这棵大树倒了,他远在江陵，想再次回京，是难于登天了。话说元稹这一生的贵人运可真够背的，当初他和韦丛结婚，就指望靠韦丛她爹，没想还没任何动作，老先生像是怕元稹麻烦他似的，急着仙去了。这一次，裴垍也只开了个头，就兀自西归，把元稹撂在半路上。

朝中有人好做官，这道理元稹懂，他自知要想东山再起，必须重新找一只大腿抱住。此时那个为他和薛涛拉皮条的叫严绶的家伙刚好为江陵尹、荆南节度使，监军是宦官崔潭峻。严绶还罢了，不过一见风使舵的老官僚，但通过他，元稹能巴结到崔潭峻，当前，宦官集团在宪宗跟前可是炙手可热的。尽管这个阉人的大腿无毛，雄性荷尔蒙无路可去拦截在身体里沤出的馊味，从喉咙里挤压出的细而尖的声音，让人毛骨悚然，元稹还是决定拽住他，此时他自知已经没有挑挑拣拣的余地了。恰好崔潭峻也非常欣赏元稹文采，三人一拍即合，很快成了一伙。

元稹收到薛涛的《赠远》时，心境会如何？或许也曾带给元稹短暂的安慰，但天各一方，纸笺上渗透出的情谊不管如何热切、汹涌，对眼前实际生活的效用，说实话，是非常有限的。异地恋，时空相隔带来的阻碍本身，无论古时还是现代，都是个世界性难题，何况依薛涛的身世，元稹恐怕分分秒都未想过与之修成正果。

元和六年（811），经人撮合，元稹纳妾。是一个叫安仙嫔的女人。其时距妻子韦丛去世两年左右，陈寅恪先生对元稹的这一行径嗤之以鼻，他在《元白诗笺证稿·艳诗及悼亡诗》中写道："其《三遣悲怀》诗之三云：'唯将终夜长开眼，报答平生未展眉。'所谓常开眼者，自比鳏鱼，即自誓终鳏之义。其后娶继配裴淑，已违一时情感之语，亦可不论。唯韦氏亡后不久，裴氏未娶以前，已纳妾安氏……夫唐士大夫之不可一日无妾媵之侍，乃关于时代之习俗，自不可以今日之标准为苛刻之评论。但微之本人与韦氏情感之关系，决不似其自言之永久笃挚，则可以推知。"先生在元稹发妻死了没多久就纳妾、再婚这件事上，和一篇文艺作品《三遣悲怀》较真，可敬可爱，但以我一介俗人的眼光看，这事人家元稹也没什么错。死者已矣，活者的生活还得继续，再说当时元稹还拖着韦丛留下的幼女，又当爹又当妈还得抱宦官大腿，生活委实不容易。

安仙嫔的肚子也争气，刚进门不久，第一胎就生了个儿子，元稹在自己的而立之年，迎来了第一个儿子，自然很得意。生活上有安仙嫔侍候，工作上有严绶、崔潭峻照应，短暂的动荡之后，元稹的生活似乎又驶向正轨。在一次严绶派人来整修他的住宅以后，元稹很高兴，写了首小诗，看上去对自己的居住环境非常满意：

> 花砖水面斗，鸳瓦玉声敲。
> 方础荆山采，修椽郢匠修。

但好日子没持续多长时间，安仙嫔生完第三个女儿便病倒了。说来元稹应该有责任留在病榻旁看护她的，即便是个妾，好歹她也是你两女一儿的妈。这一点上，元稹特别像现代的公务员，只要一句领导找我喝酒，家里天大的事都得让步。元稹终抵不住诱惑，跟随崔潭峻去了唐州，去经营他的政治前程，留下三个幼儿围绕他们母亲的病榻。从元和六年进元稹家的门，三年时间中，安仙嫔连生三个娃，平时还得侍候元稹，不管怎么说，安仙嫔的生病，元稹都难脱干系。

元稹再回来时，是赶回来料理丧事。这一年约是元和九年（814）初。话说这个叫安仙嫔的女子，也挺神奇的，好像是谁派来整元稹的。韦丛嫁给元稹，七年时间也才生了个女儿，而她一进元稹家就马不停蹄生娃，第一年是个儿子，后两年每年各生一个女儿，生了也罢了，好歹身子争口气把儿女们好好养着，没想她却好像完成任务似的一命呜呼了。现在，元稹没有老婆没有妾，却有四个口口声声叫他爹的娃，大的不大，小的还在襁褓中踢腿。望着四个大大小小的讨债鬼，元稹前十年的家庭生活，总结为一句话：死了两个女人，赚了一个儿子三个女儿。是赚吗？元稹愁得眉毛拧成一股。

事业上，皇恩浩荡，元稹现在仍贬谪在湖北江陵，生活上，丧妻丧妾，儿女们嗷嗷待哺，正是需要安慰的失意中年人生。薛涛对这一切肯定知根知底，她再也不想错过了。元和九年春，薛涛由成都赴江陵会晤元稹。距元和四年初次见面，现在已有约五年了。经过了在诗歌中的"以夫妇自况"，此次到江陵，薛涛内心必定充满期待。比起董小宛收拾包袱，对冒辟疆穷追不舍，从东追到西，从西追到东，那种死缠烂打、不屈不挠的精神，薛涛还差得远，但这一次的江陵之行，是除了多年前罚赴松州以外，薛涛走得最为漫长的了。

根据资料，薛涛去江陵的路线是顺着长江而行，游历了沿途的名胜古迹。先取道嘉州（今乐山），沿岷江赴渝州（今重庆），再沿长江经过万县，再顺江去了夔州，最后出三峡至江陵。[8]

经过万县时，薛涛拜访了西岩。万县西山太白岩据说曾是李白少年时读书的地方。

西　岩

凭栏却忆骑鲸客，把酒临风手自招。
细雨声中停去马，夕阳影里乱鸣蜩。

"骑鲸客"指李白,因为李白自称是"海上骑鲸客"。薛涛凭栏远眺,想象这位有点二的谪仙人把酒临风的样子。第三、四句中,薛涛幻想这位谪仙人停下马邀她同行同饮,却让夕阳中耳畔蝉鸣的聒噪打破了自己的美丽幻想。全诗弥漫着粉丝对这个超级偶像的无限仰慕和追念。也可见出,薛涛的心情确实不错。

经夔州时,薛涛拜谒了当地的巫山女神庙,写下了《谒巫山庙》。

> 乱猿啼处访高唐,路如烟霞草木香。
> 山色未能忘宋玉,水声犹是哭襄王。
> 朝朝夜夜阳台下,为云为雨楚国亡。
> 惆怅庙前多少柳,春来空斗画眉长。

宋玉《高唐赋》中,女神对楚怀王云:"妾在巫山之阳、高丘之阴。且为朝云,暮为行雨。朝朝暮暮,阳台之下。"薛涛在诗里引用这则高唐神女的故事,却是无关风月,而是借传说来揭露沉湎女色导致亡国的历史教训。一首中规中矩的咏史诗,中规中矩的引经据典,连所引的经典,都是合乎儒家传统的。日本学者松浦友久在《中国诗的性格》中写道:"《诗经》、《楚辞》以来著名的古典作品里的用例,作为应有的最理想的诗语的典型,优先地而且系统地被继承下来。

新的诗语的产生,大致只限于在现有作品中找不到与它相适应的用例的场合。无视先例的有无而使用'生词'的例子,是极少见的",高唐神女便是"最理想的诗语的典型"的代表,这是多年来混迹幕府,薛涛自觉接受正统诗歌传统所得来的一套教材,也可以由此警见薛涛为向"士"靠拢有意识的自我训练。

薛涛出三峡赴江陵途中,游历乐山西北竹公溪上的竹郎庙,写下了脍炙人口的《竹郎庙》。

> 竹郎庙前多古木,夕阳沉沉山更绿。
> 何处江村有笛声,声声更是迎郎曲。

《蜀中名胜记》记载了竹郎庙的传说:"昔有女人,于溪浣纱,有大竹流水上,触之有孕,后生一子,自立为王,以竹为姓。汉武使唐蒙伐牂牁,斩竹王。土人不忘其本,立竹王庙,岁必祀之,不尔为人患。"诗歌借鉴欢快的民歌曲风,格调清新流畅,描绘山民祭祀竹王的情景。夕阳沉沉,古木深秀,山色肃穆,在这样群山环绕、晚霞满天的景致下,悠扬的笛声中,响起了迎郎曲。

当地人祭祀竹王,还有一个原因,求子。"'求子'乃是古夜郎地区竹崇拜的重要内容以及相关神灵的主要神力"[9],联系这一象征,亦不难揣测薛涛当时的心思。从成都出发是早春,沿途春景美不胜收,加之心情愉快,抵达江陵前最后一首《竹郎庙》,把这种愉悦和对幸福的期待推向高潮。

而薛涛离开江陵已是暮春时节,联想古代交通工具的落后,除去在途中的耽搁,薛涛在江陵停留的时间是不多的。薛涛逗留期间,她和元稹之间发生了什么?同样,后人只能想象和猜测。时隔一年,薛涛回忆起来离别时的情景,仍然非常伤心。

牡 丹

去年零落暮春时,泪湿红笺怨别离。
常恐便同巫峡散,因何重有武陵期。
传情每向馨香得,不语还应彼此知。
只欲栏边安枕席,夜深间共说相思。

每次读此诗,总感觉背脊发凉,难以抑制的酸楚。薛涛诗歌向以含蓄、蕴藉著称,始终蕴含矜持又激昂的力量,而这首诗歌与薛涛其他诗作相比,情绪直露、铺泻,既有难以言喻的热切,这热切深处又浸透着自知无果的绝望,又因了这绝望,热切反而显得格外执着、激烈,是一个热恋、苦恋而不得的女人撕心裂肺的痛。终于,情绪稍稍平复,前面所有的倾诉、幽怨,收归到"只欲栏边安枕席,夜深间共说相思",诉说深切、哀哀的想念,一个"只欲",饱含了渴求被爱的卑微,又有无力的迷茫与困惑。一个看似简单的心愿,实则被决然阻隔,阻隔的不是千山万水,是对方始终缄默、不拒绝也不应承的漠然。

"常恐便同巫峡散,因何重有武陵期。""武陵"即桃花源,薛涛意思是,唯恐就此一别,就难再有共赴桃花源的约定。可以看出,薛涛是带着元稹的承诺离开江陵的。或许元稹一直把薛涛当成自己的备胎,尤其在妻妾都离世的这段空窗期内,薛涛又从千里之外赶来给他以安慰,但这承诺的勉强和敷衍,薛涛以一个恋爱中人的直觉,已隐隐察觉,所以才那般热烈又那般绝望。这热烈像是这段感情的回光返照,在深黑的岑寂和屈服到来之前,做最后的挣扎。

* 渣男把薛涛作为爱情的备胎。

回到成都后,薛涛无心其他,专心等待来自江陵的消息,在等待中,每一天都变得漫长、沉重、压抑,生活已成为一种煎熬。

江 边

西风忽报雁双双,人世心形两自降。

不为鱼肠有真诀,谁能夜夜立清江。

"鱼肠"即书信,所谓"尺素在鱼肠,寸心凭雁足"。西风忽至,大雁成双离去,秋去冬来,身和心都在这季节变换中冷寂、僵硬。倘若不是为了等待消息,谁能夜夜无眠、伫立在清寒的江边?相比《牡丹》的热切,《江边》的调子变得低沉、幽怨,"只欲栏边安枕席,夜深间共说相思",好歹还能在虚幻的期待中,给予自己虚幻的安慰,"谁能夜夜立清江"则似一次长长的喟叹,这喟叹饱含江雾的水汽,迷濛中却能瞥到真相的轮廓。钟惺在《名媛诗归》中评价此诗:"人世句之妙,真有烟波万里,苍茫一碧,忽想身形,陡然一惊,不知其语之何从生也。"

拜时间的恩赐,热烈终会渐渐沉寂。当我们在情海沉浮,眼泪都流干,看不清去路,时间会给予默默的援助,不管你发誓永远不忘记还是永远忘记,狂热、执迷都会退潮。爱意还在,还在至深处咬噬着自己,但不会再那么不体面地爆发出来,很多时候,它在暗夜里徘徊,不再渴望与人分享,只是对渐行渐远的热烈的爱,静静哀悼。

秋 泉

冷色初澄一带烟,幽声遥泻十丝弦。
长来枕上牵情思,不使愁人夜半眠。

6. 与其卑微,不如落寞

元和十年(815)正月,元稹奉诏入京。江陵期间,元稹和严绶、崔潭峻相处良好,不免对此次入京抱有很大期待,在

这首《酬卢秘书》中能看到他的得意:

> 唯望魂归去,那知诏下来。
> 涸鱼千丈水,僵燕一声雷。

本来已经安于命运的驱使了,但这突然而至的入京的命令,对元稹来说,就像是快要干死的鱼的一汪清水,就像闲得四肢快要僵死的燕子的一线长空。

但元稹高兴得太早了。宪宗让他千里奔波回京,只是想告诉他,这次你去通州当司马。元稹大失所望,千里迢迢赶回来,却是为了把我再打发到四川达县那旮旯去?看来和宦官集团的勾搭还没看到成效,前半生始终斗志昂扬的元稹,这时颓唐了,甚至想学习陶渊明不再为五斗米折腰,他在《归田》里写道:

> 陶君三十七,挂绶出都门。
> 我亦今年去,商山浙岸村。
> 冬修方丈室,春种桔槔园。
> 千万人间事,从兹不复言。

陶渊明君37岁辞职归田园,恰在我这个年纪,我也真想学商山那四个老头,找处村落隐居,冬天拜佛,春天种桔,从此不再过问世间事——牢骚归牢骚,牢骚发完了,还得赶紧去通州报到。

但元稹具有一个合格政客最基本的素质，即打不死的小强精神，一次次被忽悠回京城，一次次被赶出去，在贬谪之地，还是会给自己找乐子。在一首名为《通州》的诗里，他倒有几分得意自己的闲差：

> 平生欲得山中住，天与通州绕郡山。
> 睡到日西无一事，月储三万买教闲。

既然工作闲适，没多少政务可理，元稹便腾出心思来寻觅适合做司马夫人的女人。不知此时，元稹有没有丝毫犹豫，念起那位远在成都的薛涛？也许他想起过，还不胜遗憾地感叹过，可惜啊可惜，可惜你没爹，还曾是一名乐伎，连莺莺都不如。"如进士集团成员以结交妓女来炫耀自己得势一样，娶望族出生的女性为妻也是他们显示自己在权力体制中逐渐取代望族而占据优势的手段之一。"[10] 妓女和望族之女，成熟的男人是不会混淆这两类女人的区别的。像秦淮八妓中顾媚的男人龚鼎孳那样，为一个妓女，甘心将自己从正人君子的世界放逐的，毕竟是极少数。在中国式的语境里，大丈夫何患无妻，居然有男人不爱江山爱美人，就只能送他三个字：没出息！

经过一番考察，元和十一年（816）春，元稹娶了一个名叫裴淑的女子为妻。裴淑没什么特别，特别的是她有个活着的爹当时在涪州（今重庆涪陵）做官。元稹先后二娶，前妻是京兆韦氏，后妻是河东裴氏，都是官门闺秀，白居易赠诗赞美他的好姻缘："韦门女清贵，裴氏甥贤淑"。中间虽有个妾，但她来路不明，可以忽略不计。写到这，真的很佩服安仙嫔目光长远，自己早早就死了，不然，以元稹对待莺莺的态度，指不定他会干出什么对她不利的事来，根据陈弱水先生在《隐蔽的光景：唐代的妇女文化与家庭生活》中的研究，唐代士大夫结婚时把之前所纳的妾赶出家门并不是稀奇的事。没办法，在那个拼爹的时代，安仙嫔死在了起跑线，薛涛和莺莺都输在了起跑线。

三月的寒食节，人们在这一天以祭扫的名义，外出游玩。元稹带着裴淑、岳父岳母一家子游春、野餐，心情愉快，元稹在诗里写道：

> 今日寒食好风流，此日一家同出游。
> 碧水青山无限意，莫将心道是涪州。

幸福之情溢于言表。这期间，薛涛也写有一首诗：

> **柳絮咏**
> 二月杨花轻复微，春风摇荡惹人衣。
> 他家本是无情物，一向南飞又北飞。

二月春风中，杨花漫天，在春风中飘曳，飘飘荡荡，时不时落到人的衣裳。"惹"字，韵味悠长，既将柳絮拟人化，又有招惹、挑逗的意思。后两句更是继续对柳絮爱"惹"人衣这一习性的讨伐：柳絮原本就轻佻、轻薄，忽而南飞忽而北飞忽而勾搭行人是它一贯的天性。语调故作冷漠，几近尖刻，这冷漠和尖刻中又饱含无尽的怨责、无奈与难以言说的酸楚。

薛涛人生中，又一个生命的阶段过去了。从此，薛涛的诗作中不再有《秋泉》《牡丹》《江边》这类直白地诉说相思的诗歌，也不再有《柳絮》这样直陈委屈的诗作。

有一扇门，曾经大大地打开，门里闪着光芒，或许那就是传说中的幸福，薛涛在门外徘徊良久，最终，回到她深寂的旷野中去。身为孤女，身为乐伎，她已被剥夺了资格去领取这张通往世俗幸福的门票。这是薛涛第一次靠近这扇门，也是最后一次，她的自尊，以及对自己身世的洞悉，都不会允许她再放纵自己的情感。

注释

1 吴伟斌，《元稹评传》，37 页。
2 谢思炜，《隋唐气象》，224 页。
3 陈弱水，《隐蔽的光景》，61 页。

4 尹占华,《元稹评传》,591页。

5 戴伟华,《唐代使府与文学研究》,101页。

6 刘天文,《薛涛诗四家注评说》,80页。

7 陈弱水,《隐蔽的光景》,129页。

8 彭云生,《薛涛与元稹相会时间及地点考》。

9 刘航,《中唐诗歌嬗变的民俗观照》,217页。

10 姚平,《唐代妇女的生命历程》,53页。

11 陶慕宁,《青楼文学与中国文化》,124页。

六

最后的水国，命中的断舍

> 水国蒹葭夜有霜，
> 月寒山色共苍苍。
> 谁言千里自今夕，
> 离梦杳如关塞长。
> ——薛涛《送友人》

1. 大厦中颓，已是王朝的落暮

江陵之行，薛涛失去了她人生中最重要的两个人。元稹和武元衡。元稹渐行渐远，无论情感还是三观，与她都不会再有交集。与武元衡，则是真正意义上的永别，从此阴阳两隔。

元和八年（813），宪宗准备发动淮西战役，结束淮河上游淮西镇长达60年的独立状态，战役前夕，宪宗召武元衡入朝为相。

宪宗朝在806年秋平定了西川刘辟的叛乱，而且是"取得了轻而易举的胜利"[1]，过去25年来中央政府与藩镇的较量中，憋屈的唐宪宗终于尝到了胜利的滋味，"到了807年春天，全帝国的藩镇开始看到了京师重整旗鼓的气象"[2]。朝廷重塑权威，各个藩镇的头头们就开始坐不住了。浙西镇节度使李锜便仗着自己有钱，故意违抗宪宗召见的命令，想给新皇帝一个难堪。讨伐刘辟，宪宗获得了自信，又加上当时的宰相武元衡强烈主张采取强硬路线，宪宗决定组织对李锜的讨伐。

这一次又大获全胜。朝廷那些从前在藩镇节度使前都不敢高声说话的朝臣们,这一下,腰杆终于挺直了。

接下来几年中,宪宗"狠狠打击了余下的不恭顺的藩镇"[3],藩镇越来越像热锅上的蚂蚁,朝廷自个儿也掉进了旋涡。在与藩镇势力的对峙中,武元衡的强硬策略以及当年讨伐李锜的成功,宪宗记忆犹新。元和八年,在武元衡镇蜀六年后,宪宗老人家又想起了他。

武元衡离蜀之际,薛涛尚逗留在江陵,没能为恩人饯行。薛涛曾为诸多同僚及离任的节度使送别,写过许多的送别诗,却没有为自己的大恩人送别,更没想到,这没来得及送别的别离,竟成永别,在薛涛心里,想必是一个终生的隐痛。

元和九年,薛涛告别元稹,自江陵返回成都。这年冬天,曾在武元衡幕府任职吏部员外郎的卢士玫,也将离蜀赴京。在这个冬日向晚,薛涛为卢员外辞行。

送卢员外

玉垒山前风雪夜,锦官城外别离情。
信陵公子如相问,长向夷门感旧恩。

前两句白描饯别情景。夜色将临,风雪如晦,黄昏的黯淡天光,衬以山尖、路面、树梢、房顶飒飒的白,天地间一片萧索冷寂，风在旷野深处低沉地呼啸，裹挟着雪花鞭打着行人的脸。城门外，薛涛一行人与即将上路的卢员外依依惜别。

"信陵公子"即战国魏国公子信陵君，"夷门"，指魏国大梁看守夷门的守门人、隐士侯嬴。信陵君对侯嬴以礼相待，迎为上客，侯嬴感怀公子知遇之恩，助公子窃符救赵、解秦之围，后面北自杀。薛涛借用这一典故，以信陵君比武元衡，以侯嬴自喻，托卢员外向武相国转达问候、祝福及深深的感恩之情。薛涛以才华受知于武元衡，武为她脱籍，允许她从幕府搬至浣花溪畔，甚至还奏请她为校书郎，此般知遇之恩，孤女薛涛没齿难忘。"信陵公子如相问，长向夷门感旧恩"，千言万语的感激感恩，浓缩在短短诗行中，情真意切，穿越时光的洪荒，至今读来，那份发自内心的拳拳赤子之情，仍然使人潸然。

另外，值得注意的是薛涛对信陵君典故的巧妙运用。报恩固然是中国传统文化的精粹，所谓"投我以桃，报之以李"，既是古代人伦关系的基本准则，民间自创的互助体系，上升到文化圈，又是怀有一身才学却投身无门的士人对伯乐的呼唤，所以古代那些礼贤下士的贤君，如燕昭王、信陵君、让荆轲载于史册的燕丹，都是文化人歌颂的永恒对象，久而久之，成为诗歌中一类固定的意象。李白曾有："感君恩重许君命，太山一掷轻鸿毛。"王昌龄也曾高歌："仗剑行千里，微躯感一言。曾为大梁客，不负信陵恩。"但无疑，这种恩与报属于男人帮的范畴，说穿了，是男人间的惺惺相惜，都染上了雄性色彩。女人也报恩，多出不了"以身相许"这个套路，但这又是另外一个模式。薛涛虽为女性，更是诗人，她自觉地接受着作为文人所受的唐代诗歌传统的濡养，至此也再次印证，薛涛在自己诗作经营上是有野心的，她所争取的并不是在所谓"妓女诗"或者"才女诗"中占得一席之地，而是跻身进更庞大更广博的诗歌传统。正因为此，晚唐张为在论述诗人流派的《诗人主客图》中，作为唯一入选的女性诗人，薛涛位列"升堂"，与贾岛等众多名家齐名。

中央政府讨伐淮西如箭在弦上的攻势，引起了其他藩镇节度使的紧张，他们大多惶恐不安，担心自己的利益受到损害，于是暗自搞起了小动作。其中，势力最强的平卢（今山东）节度使看得明白，预料自己会是淮西后的下一个目标，因此他兔死狐悲，心更急切，便想方设法誓要阻挠政府军讨伐淮西的计划。元和十年（815），平卢节度使李师道组织制造了三起恐怖袭击，焚烧洛阳附近的大税收中心，武装袭击洛阳，还有就是，派刺客暗杀武元衡。

《旧唐书·武元衡传》详细记载了这起血腥的暗杀事件。武元衡府邸在一条叫静安里的街上，某个清晨，武元衡出门上朝，刚出静安里的东门，就有黑衣蒙面刺客飞身而出，先是灭掉了随从手中的火把，武元衡保镖大声呵斥，没想一只冷箭射来，保镖应声倒地，随从大乱，紧接着，"又有匿树阴突出者，以棓击元衡左股。其徒驭已为贼所格奔逸，贼乃持元衡马，东南行十余步，害之，批其颅骨，怀去"，短短几分钟，一代名相就这样殒命了。

武元衡之死，朝野震动，要不要对淮西开战，再次成为臣僚激烈讨论的话题，宪宗虽然力排众议，誓将讨伐进行到底，也终在元和十二年（817），成功控制了淮西镇，但武元衡之死，是大唐国运中兴至衰的起点，"宪宗一朝的鼎盛时期从806—807年的胜利开始，一直延续到815年宰相武元衡被恐怖分子刺杀时为止"[4]。

话说武元衡被刺事件，还间接引起了时尚的转变。当时的御史中丞裴度也因赞成武元衡的强硬策略，与藩镇之间"咎怨颇结"。杀了武元衡以后，李师道再派杀手行刺裴度，《旧唐书·裴度传》记载，裴度在自己通化里府邸不远处，遭到袭击。刺客照着马背上的裴度连刺三剑，第一剑隔断衣带，第二剑刺伤背脊，裴度从马背坠地，刺客又朝他面部刺去，刚好，这一剑刺在裴度所戴的毡帽上，"刃不即及而帽折其檐"。幸亏有了这顶毡帽帽檐的保护，裴度才大难不死，而且面部也只轻微受伤。至此，"朝贵乃尚之，近者布素之士亦皆戴焉"，大家都爱上了戴毡帽。这让人想起上官婉儿和梅花妆的那则八卦。据说她和武则天的男宠调情,被武则天撞见,"怒甚,取甲刀扎于面上,不许拔",刀刺伤了左额,为遮伤痕,上官婉儿在疤处刺了一朵红梅,没想却出人意料地引领了美妆潮流。

当武元衡被暗杀这一消息传到成都,浣花溪畔的薛涛必是经历了深切的震惊与伤恸。约在此时,她又获悉,元稹在涪州娶裴淑为妻,他的举动表明,她,永远没有机会了。从十多年前的罚边,如今被爱情遗弃,又突然传来恩人被刺杀的噩耗,36岁的薛涛,在迎来自己的第三个本命年之际,再次照见自己的命运。

这是一段多么难挨的日子,薛涛心力交瘁,仿佛沉下水底,从水面下看出去的世界,光怪荒诞,如梦魇一般压得人睁不开眼。生命于此,似乎又出现了危机,远方再次黄沙漫天,看不见去路。在与现任节度使李夷简的幕僚张元夫的唱和中,薛涛忍不住吐露出自己的沉郁。

寄张元夫

前溪独立后溪行,鹭识朱衣自不惊。
借问人间愁寂意,伯牙弦绝已无声。

辗转前溪、后溪,只与鸥鹭为伴,它已经那么熟悉我寂寞的身影,看见我的红色衣裳都不吃惊,也不飞走,似乎不忍心留下我独自一人。短短十四个字,刻画出一个在天地间踽踽独行的寂寞人生。钟子期已逝,知己不再,伯牙挑断琴弦,从此无声,第三、四句,薛涛努力使自己接受这一现实,无论武相国还是元稹,都已从她的人生默然撤退,只剩她自己。但是她毕竟年轻,心还未死,只要活着,仍不免怀揣对各种深厚、真挚的人间情谊的渴望,所以在诗末她"借问"张元夫,是对人生征程中日渐飘零的友人的喟叹,也是想得到友人的安慰,也是小心翼翼的试探,试探对方对自己的情谊,是否能容许她这样来坦白自己的哀伤。

好友萧祜将到成都出差,他写信告知薛涛,择日会来拜访她。薛涛读罢信笺,振作起精神,低沉、抑郁的情绪,才稍有好转。武元衡任剑南西川节度使时,萧祜曾在其幕府任御史中丞,薛涛与他熟稔已久。

薛涛陪萧祜泛舟摩诃池。寒暄之后,她沉默下来,想起过去的六年中,恩公镇蜀,公事繁忙之余,自己与萧祜一行人陪伴他泛舟摩诃池、吟诗作赋的情形,抚今追昔,物是人非,薛涛不胜悲痛。

摩诃池赠萧中丞

昔以多能佐碧油,今朝同泛旧仙舟。
凄凉逝水颓波远,惟有碑泉咽不流。

"碧油"指宰相武元衡。您昔日曾在帅府辅佐恩公，今天当我们再度泛舟摩诃池，恩人却已经离世，摩诃池水波也显得凄恻，似乎在呜咽，这种悲伤不知怎样才能得到抚慰。末句，"惟有碑泉咽不流"，小舟划到恩公昔日曾下令所立的石碑前，薛涛睹物怀人，多日来那沉积在心底、始终无法化解的悲痛，这时终于爆发，她情难自禁，哭倒在石碑前。

多年前，她登临斛石山，想起韦令公，虽然也感慨万千，那时到底因为年轻，无论怎样的悲伤都绊不住她对未来的憧憬，如今而立之年已过，对岁月对人生的无常，又多了份感念，不复有二十多岁时那份昂然，直觉得万般沉重。钟惺评价此诗："感旧怀今，次等正读之不忍。"

* 人生的主题是先得到，然后一一失去。

有时候，人生的主题就是失去。失去爱人，失去友人，这是一种不可抗力，我们无能为力，只能凝视着手指关节处皮肤的起皱，轻叹过往时光、岁月的忧伤，眼睁睁看着那些如山般沉重、如海般神秘难测的爱与痛，在生命里镌刻下印迹。

光阴流逝，以它自己的惯性向前滑行，风雨兼程又风雨无阻。起初不能忘怀，沉浸在悲伤中，那没关系，时间会拖拽着你前行，你双腿发软，踉踉跄跄，一副狼狈相，慢慢地，慢慢地，你的腿又有劲了，你整理好自己的衣衫，收束起悲伤，深深呼吸一口气，跟上时间的步伐，起初应付起来还有些吃力，但终会适应的，就如你也终会发现的，你原本就在岁月流转中，起承转合。

2. 七年相思，一笺绝情

元和十三年（818），王播入蜀，充新一任剑南西川节度使。此时，薛涛38岁了。以她的身份和职责，理应向新任将帅献诗祝贺：

上王尚书

碧玉双幢白玉郎，初辞天帝下扶桑。

手持云篆题新榜，十万人家春日长。

"幢"，是古代作为仪仗用的一种旗帜，"碧玉双幢"，美言王尚书使蜀军队仪仗的华美威武；"云篆"，刻有云状饰纹的印章。尚书入蜀，仪仗威武，辞别帝都来到蜀地；您手持节度大印签发文告，西川十万人家同浴在您的光辉之下。一方是新任父母官手持云篆，一方是十万人家的天伦之乐，充满和谐的画面，不乏对新任节度使的颂扬之情，但"十万人家春日长"，不管从哪个方面看，都言辞恳切，气势豪阔，对新任长官充满期许和鼓励。《旧唐书》本传这样描述王播："虽案牍鞅掌，剖析如流。黠吏诋欺，无不彰败"，"凡有详决,疾速如神,当时属僚,叹服不暇",总之,廉洁、勤奋,看样子是个好官,配得上薛涛的溢美之辞。

好官也要休息。入秋以后,菊花相继绽放,薛涛一行人在浣花亭陪川主赏菊作诗。薛涛献酬诗歌《浣花亭陪川主王播相公暨寮同赋早菊》。

> 西陆行终令,东篱始再阳。
> 绿英初濯露,金蕊半含霜。
> 自有兼材用,那同众草芳。
> 献酬樽俎外,宁有惧豺狼。

梅兰竹菊四君子,以其品质高洁驰骋文学史,历来都无可匹敌。薛涛在首句化用司马彪《续汉书》中的"日行西陆谓之秋",次句化用陶渊明《饮酒二十五》中的"采菊东篱下",其后四句赞颂菊花的价值、用途,间接恭维王播相公治蜀有方,最后两句,气势陡然轩拔,铿锵有力,菊花除其丰富的实际用途,更有其品质的清刚,屈原曾在其《离骚》中赞叹:"朝饮木兰之坠露兮,夕餐秋菊之落英。"

浣花溪时期,薛涛整体的诗风都有变化,两次罚边以及对西川动乱的亲历,使她的视界陡然轩敞,即便是写自然景物,比如写金灯花映照向晚天空的壮丽,写采莲女歌声在静谧黄昏中的绽放,都能从诗境见出大天地,不像韦幕时代的小诗，比如《风》《月》，局限于自己的小感受。

但浣花溪时期的诗风，又分前后两个阶段。第一个十年中，以薛涛的《上川主武元衡相国》中的"军城画角三声歌，云幕初垂红烛新"为例，一片歌舞升平中突然窜出"军城画角"，可谓丝竹中有金石音，此时薛涛还年轻，作为诗人、幕僚的资历尚浅，所以在抒发己意时，有斟酌，有衡量。第二个十年中，比如这首《赋早菊》，则是金石中有金石音，俨然用斧劈金，迸发出电光火石。阅历赋予薛涛更多的自信，在献酬诗歌中更能游刃有余。同样，年纪渐长，薛涛或许慢慢地也在考虑自己在文学史的位置。

* 金石中有金石音，所谓金百炼而刚柔并济。

元和末期，宪宗渐渐荒废政务，痴迷起道教来，每天忙着找人配置长生不老药。这位被赞为"自古中兴之主无人及之"的皇帝，早年励精图治，迎来了元和时期短暂的中兴，羸弱的朝廷在和藩镇较量中，赢回了些许权威。君臣共同努力，徐徐开展的一系列改革措施，如禁止奉贡、减免赋税、精简冗官等等，从贞元到元和，"大唐帝国仿佛被注入了一针兴奋剂，从混浊腐败、险象环生的泥沼中爬起身来，迅速地昂首走向前去"[5]。可惜这昂首向前的态势，并没有持续多久，更像是大唐帝国的回光返照。

元和十五年（820），宪宗以一种不体面的方式结束了自己的生命和统治。史载，唐宪宗滥服丹药，以致精神失常，在宫内动辄砍人，弄得宫里的奴才们人人自危，终于在这一年年初，宪宗被一个叫陈弘志的宦官砍死。继位的是宪宗第三子李恒，是为穆宗。一朝天子一朝臣，历来，皇帝即位随之而来的都有不可避免的人事调整，把从前政治倾轧中得势的一方贬谪，失势遭贬谪的再弄回来，大体都得经历这么一番折腾。其时，白居易、元稹、刘禹锡、段文昌等陆续奉诏入京。

从元和五年被贬为江陵士曹参军，到元和十年再被贬为通州司马，十年的贬谪岁月过去，此时元稹似乎时来运转了，他得到穆宗的赏识，三次被召进宫进行密谈。长庆元年（821），元稹入翰林为中书舍人承旨学士，和士曹参军、司马比，当真是一步登天了。春风得意时，元稹想起了远在四川的薛涛，不知是心有愧疚，还是成心炫耀，就像现在的"同学"，前十来年混得不好，谁也不联系，人间蒸发一样，后来暴发了，突然成埋单天使了，流连各种同学聚会，吃个饭、唱个歌硬要抢着付钱，为了成功埋单，不惜打伤打残和他一块抢着付钱的其他天使。元稹写了一首诗歌寄予薛涛。

寄赠薛涛

锦江滑腻峨眉秀,幻出文君及薛涛。
言语巧偷鹦鹉舌,文章分得凤凰毛。
纷纷词客皆停笔,个个君侯欲梦刀。
别后相思隔烟水,菖蒲花发五云高。

诗歌前三联的意思是:锦江水的滑腻、峨眉山的秀美,蜀地人杰地灵才幻化出卓文君和薛涛这样的才女,才思敏捷,诗章出神入化,像沾了凤凰的仙气,惹得一票诗友只得停下笔来,都不好意思说自己会写诗。许多年没理人家,一联系上,先来一通客套的恭维,套近乎,末联中,才终于显出几分诚心,自分别后,相思之情隔断于千山万水,多年过去,你门前的菖蒲都已葱笼一片了吧。

* 无聊的元稹又来"惹"人了。

读到元稹赠诗,薛涛想必五味杂陈吧。从江陵回蜀途中,三峡孤峰绝岸、壁立万仞间的烟、雾、雨、泪,漫天飘散,再一次呈现在眼前。如今七年过去,薛涛已是41岁的中年女人了,两千多个日夜的思念,最终化为颤巍巍的两个字:微之。

寄旧诗与元微之

诗篇调态人皆有,细腻风光我独知。
月下吟花怜暗淡,雨朝题柳为欹垂。

> 长教碧玉藏深处，总向红笺写自随。
> 老大不能收拾得，与君开似好男儿。

薛涛与诸多男性诗人的唱和诗歌中，多以官职敬称，比如"韦校书""郭员外""萧中丞"，再亲近一点，直呼其名，如"张元夫"，唯独这一次对元稹以他的字"微之"相称。这个名字想必在无数个夜里默默念叨过，得知元稹受到构陷时，得知他结婚时，得知他入翰林时，此时轻轻一句"微之"，真是千言万语尽在其中。

回应元稹对自己诗才的赞扬，薛涛表示"细腻风光我独知"，对那些赞美之辞照单全收，颇为自信。前四句都还好，字里行间，显得矜持，既不冷漠，也不热情，貌似有一种沧海桑田后的沉定。第三联却露出真相。"碧玉"，典故，南朝汝南王有《碧玉歌》："碧玉小家女，不敢攀贵德。感郎千金意，惭无倾城色"，后世人便用"碧玉"比喻小家女子，薛涛研究专家陈文华女士释义："薛涛身为营伎，地位低下，故自比'碧玉'。"面对节度使大人和幕僚们，薛涛献酬、唱和，器宇轩昂，从不输斗志，元稹面前，薛涛却自称"碧玉"，让人不忍直视。是元稹、是爱情，让薛涛如此自惭形秽，每次当他出现，她就低下战斗的头颅，卑微之至，即便已过七年。

尾联中的"老大不能收拾得",释义众说纷纭,薛涛研究专家彭云生先生对此的解释颇有说服力。元稹巴结宦官,为时人所不齿,以致后来终借宦官之力当上宰相,"朝野无不轻笑之"。以薛涛正统的政治情感,她是无法苟同元稹晚来丧节的行为的,于是谓"老大不能收拾得",明里说自己年华老去,暗里却含有讽喻之意,暗示元稹晚节不保。

元稹必定能体会出"老大不能收拾得"的涵义,此次书信,两人人生走向已不同,终成陌路,真是话不投机半句多,从此,两人再无书信联系。而薛涛呢,一场原本也轰轰烈烈的苦恋,持续多年,竟以这种方式来收尾,真是有些狗尾续貂的光景,令人无言以对。

* 凄而不美,狗尾续貂的爱情。

3. 故人来时,我已老去

长庆元年(821),段文昌在经历短暂的入朝为相后,终于再次被派进川,不同的是,这次是以剑南西川节度使的身份。段文昌在四川待的时间颇久,从韦幕到他的老丈人武元衡幕府,少说也有二十年,《旧唐书》本传说唐王朝以"文昌少在蜀","素谙蜀利病","素洽蜀人之情",所以让他入蜀接任王播。

这一消息想必让薛涛惊喜交加。从韦幕时期段文昌作为校书郎、两人相识以来，也有二十年了。在最初很长一段时间，薛涛与段文昌的情谊与一般共事的幕僚无异，至少在表面上必须如此。这是可以想象的，当初以韦皋之骄横、多疑，再加上那个心术不正的刘辟时刻盯着他以寻找构陷机会，段文昌必须处处小心谨慎，与薛涛保持着距离。后来到武元衡时期，就更别说了，在老丈人眼皮子底下任职，还敢不夹着尾巴做人？终于熬到长庆元年段文昌任职剑南西川节度使，成为西川最大领导，不再看人脸色，他与薛涛的友谊才得到正常的维系。从薛涛赠给段文昌的儿子段成式的诗歌，即可看出他们关系的亲密。

赠段校书

公子翩翩说校书，玉弓金勒紫绡裾。

玄成莫便骄名誉，文采风流定不如。

段成式，其时二十出头，尚未出仕。《说闻录》载，"段文昌镇成都，子成式好猎，丞相患之。成式以所获雉兔分送幕僚，各致书，援引故事甚悉。幕僚多不晓其意，以呈丞相，方知其子博学"，意思是在大家眼里，段成式这娃无非是个游手好闲、喜欢打猎的公子哥，每次打猎归来，段成式在把猎物分送给幕僚时，还不忘附赠一篇洋洋洒洒长文章，文章天马行空胡侃一通，幕僚看不懂，只好请教段大人，段才终于发现自己儿子原来不是混混，而是个奇才。

涛诗中"玉弓金勒紫绡裾"即是形容段成式一身猎装的少年公子哥模样。"玄成"，典故，汉代韦贤之子玄成，韦贤、韦玄成父子文采俱斐然，闻名遐迩。薛涛教导段成式别老想着打兔子，须勤奋学习，总有一天，你们父子俩会像韦贤父子，名满天下。口吻俨然段成式长辈，若与段文昌情谊不深，薛涛诗中断不会有长辈规诫晚辈的口吻。

工作之余，幕僚们陪同新任节度使游历成都古迹武担山。武担山有武担寺，是古蜀国开明氏爱妃之墓所在地，自南梁以来建有佛寺，名武担寺。[6] 段文昌兴致颇高，题诗武担寺西台。

> 秋天如镜空，楼阁尽玲珑。
> 水暗余霞外，山明落照中。
> 鸟行看渐远，松韵听难穷。
> 今日登临意，多欢语笑同。

秋高气爽，阳光亮媚，武担寺楼阁玲珑、俊秀，正是秋游好去处。而随着时间流逝，等到天光渐尽，落霞晚照中，看池塘暮色、飞鸟倦归，听松林低语，又别有一番情趣。末联总结这次秋日游赏的心情，相当于小学生写秋游作文最后一段都要来那么一句：今天玩得真开心啊！

细观段大人诗作，中间两联在意境构造上也颇有创意，尤其

"水暗余霞外,山明落照中",浅浅几笔,勾勒出随着天光褪去,山中景物渐次黯淡、幽寂的动感。但整体观之,意境不够深、远,算不得上乘之作。但别人只是秋了一次游写了一首诗,我们也别挑刺了。帅主题了诗,其他幕僚比如姚康、姚向、李敬伯照例纷纷唱和。段文昌环顾四周,不见薛涛,倒是有随从陈上一首诗。

段相国游武担寺病不能从题寄

消瘦翻堪见令公,落花无那恨东风。
侬心犹道青春在,羞看飞篷石镜中。

可以说,这首陈给段文昌大人的诗,是薛涛众多献诗中最特别的一首。薛涛在诗里说,自己本应陪侍令公游赏武担山,无奈抱病在身,只得留在家中,像落花怨恨无情东风,却又无能为力。"石镜",传说武担山有石头镜子一枚,厚仅五寸,光莹明净,能照见人影。诗歌末联涵义深长,我原本以为自己青春仍在,但若随你前往,从石境中照见自己不再美丽的憔悴容颜,我将情何以堪!

病中的人,心思向来格外敏感、脆弱,薛涛无法面对的,岂止是自己憔悴的病容,恐怕还有段文昌这个人吧。16岁进入韦幕与段文昌相识,那时两人都风华正茂,光阴流转,过去了整整25年,目睹对方的脸在彼此的眼皮子底下一天天染上风霜,无法不勾起岁月流逝年华老去之感。

有伤怀，但也有庆幸，也有慈悲。有一种情谊，从不热络，也远谈不上深厚，和时间本身一样冲淡、平和，稳稳当当。他就在那，很久之后，回头打量，他还在那，不紧不慢，不远不近。他的存在本身，便是你人生的见证，他的存在让你感觉到，生活中毕竟仍有些人有些事有些情谊，是不会半途退场的，是可以持久、值得期待的。

长庆三年（823），段文昌拜刑部尚书，再次离蜀入京。其后数年中，他在兵部尚书、御史大夫、淮南节度使、荆南节度使等各种官职上辗转，九年之后，才终于再次入蜀。但薛涛与他已无缘再见面了。

想必是有了些许的预感，和上一次的短暂入朝相比，段文昌这次离蜀，薛涛感觉格外难舍。想起年纪相若、须发已灰白的友人又要开始踏上新的征程，想到自己老境将至，今日一别，不知是否还能相见。薛涛忍泪为友人送别，写下了这首千古绝唱。

送友人

水国蒹葭夜有霜，月寒山色共苍苍。
谁言千里自今夕，离梦杳如关塞长。

"蒹葭"，化用《诗·秦风·蒹葭》中的有名诗句："蒹葭苍苍，白露为霜。所谓伊人，在水一方。"前两句勾勒出蜀地秋夜特有的风光。

薄雾迷蒙，水汽氤氲，渺茫的苍穹之下，月色凄寒，远处群山逶迤，形成一组组缄默的轮廓，绵延到天际，苍茫深远。在这样的秋夜友人即将远行，怎能不勾起深深的离愁呢，可是，请别说山高水长、路途遥远，即便关山阻隔，你我不能相聚，在飘渺梦境中，我也会托夜神捎去我对你深深的想念。

整首诗，没有客套的寒暄，没有一路顺风的祝福，没有前程远大之类的勉励，薛涛任由自己陷在深沉的、固执的、无助的离愁中。今生今世，薛涛不会再对第二个人道出如此的依依不舍之情。周珽在《唐诗选脉会通评林》评论此诗："非深于离愁者孰能道。"

4. 终于，故事没有继续

长庆二年（822），元稹终于如愿以偿，当上了宰相。这一年之前，他陆续失去了安仙嫔给他生的两个女儿，最后连唯一的儿子也死去了。刚过四十，便痛失三个孩子，香火延续看来也岌岌可危，元稹的心境可想而知。梦寐以求的宰相职位，对他或许多少有些安慰。

可是，元稹的人生充满了"可是"，好景不长，宰相当了才三个月，元稹便在一场排挤政敌的阴谋中，反遭敌人暗算，长庆二年六月被罢相，出为同州（今陕西大荔）刺史，次年，再次奉诏为越州刺史、浙东观察使。

纵观元稹一生从官经历，最初也是志存高远，誓要大展宏图、兼济天下。15岁明经擢第，23岁即登科第，授为秘书省校书郎，27岁被任为左拾遗，30岁奉命充剑南东川详覆史。到此时为止，除去母亲去世，在家丁忧一年，其余，都可说是一帆风顺。转折点为他在东川查获前剑南东川节度使严砺贪赃枉法的案件。虽然如白居易所说，元稹秉公执法，不畏强权，乃至名动三川，但也因此得罪了一票恶势力。宪宗禁不住这些人的撺掇，把不招人待见的元稹从四川移到河南，元稹在揭发河南尹房式的诈骗案上依旧不遗余力，朝廷却以他处置不当为由，罚一季俸，令其回长安。

回长安途中，元稹在驿站与宦官仇士良等因房间发生争执，被打，宪宗偏袒宦官，贬元稹为江陵士曹参军。从此时开始，元稹心思起了变化，他在《香毬》诗里写道："顺俗唯愿转，居中莫动摇"，早年"达则济亿兆，穷则济毫厘"的豪言壮语渐被抛在脑后，他反省自己应该"顺俗"，他开始与老官僚严绶、与欣赏自己文采的宦官崔潭峻等人勾搭。

元和十年，36岁的元稹奉诏入京，本以为关节都已疏通，这下留京绝没问题，结果只让他做了个通州司马。恰在这一年，宰相武元衡遇刺，好友白居易上疏请求抓捕凶手以雪国耻，结果宪宗怪他话多，把他贬为江州司马，这次事件对元稹的打击远甚从前，病中的他，在给白居易的诗里写自己听闻这一惊天噩耗时的感受："残灯无焰影幢幢，此夕闻君谪九江。垂死病中惊坐起，暗风吹雨入寒窗"，他对混账皇帝宪宗仅有的忠诚也蒸发了，从此更加坚定依傍宦官集团势力、升官发财的决心。

三年以后，元稹再被赶到虢州当长史。查看元稹履历，从而立之年，便开始在江陵、通州、虢州三地辗转，十年宦海，几乎都在荒僻之地跋涉。宪宗死前，总算是做了件对元稹有利的好事。元和十五年（820），宪宗大赦，元稹再次被召回朝。紧接着，穆宗的赏识，让元稹本以为经过多年的经营，这次真要青云直上了，没想刚尝到甜头，宰相位置还没暖热，就被掀下来，最终还是竹篮打水一场空。其时，元稹44岁，在宦海沉浮中，遍尝滋味。人说中年男人的三大福气是，升官发财死老婆。元稹只占了最后一件，不仅死老婆，还超额，多死了一个妾，外加三个儿女。

斗志消磨殆尽，也无心为人民服务了。在越州时，元稹与死党白居易的诗歌往来中，早不见早年处处流露出的为民请命的"修身不言命,谋道不择时"的自勉,这期间,元稹的生活远比当年在通州还逍遥、放荡,游山玩水,吟诗作赋,艳遇不断。他在诗里夸自己住处环境优美:

以州宅夸于乐天

州城回绕拂云堆,镜水稽山满眼来。
四面常时对屏障,一家终日在楼台。
星河似像檐前落,鼓角惊从地底回。
我是玉皇香案吏,谪居犹得住蓬莱。

自己的宅邸白云缭绕,推门即见镜水稽山,夜观星河,静听鼓角,可谓蓬莱仙境。末尾两句有向好友使气的成分,对自己浮薄官运的讽刺,但从"蓬莱"这一道家色彩的词汇可看出,心存鸿鹄之志的元稹在其后半生,也终于没能逃脱"达者兼济天下,穷则独善其身"这一儒家思想为士人设计好的人生套路。

《云溪友议·艳阳词》中记录了这么一个故事。话说元稹的越州时期,距离上次在江陵与薛涛的约会差不多十年了,最后一次别扭的书信往来也已经是两年前。这会儿,元稹像是从多年的政治争斗中突然抬起头,看到人生中除了升官发财、搞垮对手外,还有更重要的人和事值得珍惜,想起两度约会期间与薛涛的种种浪漫,想起薛涛去江陵看他、他的绝情和敷衍。此时薛涛的似乎是决绝的沉默,倒挑起了元稹发贱的热情,传说这当儿元稹计划着入蜀,去看望薛涛或者娶薛涛。但是,没想却被半路跳出的一个叫刘采春的女人给绊住了。

这个来自淮甸的刘采春到底是何许人也?谭正璧先生在《中国女性的文学生活》中,说刘采春"诗才虽不及薛涛,然容貌佚丽,非薛涛能比"。不仅更年轻更好看,而且是当时很红的流行歌手,中唐"妓女诗"一派的代表人物,代表曲目《望夫歌》曾长时间盘踞流行排行榜。

唐时的商人四处流动,逐利而行,一如游牧民族的逐水草而居,常年在外,交通不便,回一次家相当不容易,又加上做生意赚了几个钱,便要在别处娶妾置家,回家的可能性就更小了,于是商人老婆的怨妇情怀成为当时文艺创作的流行题材。比如,李白《长干行二首》之二:"那作商人妇,愁水复愁风。"元稹《生春十二首》之六:"数宗船载足,商妇两眉丛。"白居易《琵琶行》:"门前冷落鞍马稀,老大嫁作商人妇。商人重利轻别离,前月浮梁买茶去。"王建《杂曲歌辞·江南三台四首》之一:"扬州桥边小妇,长干市里商人。三年不得消息,各自拜求鬼神。"

这些名家笔下的商人妇,虽也悲春伤秋,终究难脱文艺腔,又或者出自男性诗人笔下,对商人妇"怨"的情绪的捕捉,还是显得隔膜,和刘采春那大白话的口水歌《望夫歌》比较,后者无疑更琐碎、细腻,融合了女性骚情、幽怨、娇嗔、挑逗的口吻,总之就是想男人了,很能撩拨世人的神经。《望夫歌》其中有这么几段:

> 不喜秦淮水,生憎江上船。载儿夫婿去,经岁又经年。
> 莫作商人妇,金钗当卜钱。朝朝江口望,错认几人船。
> 昨日胜今日,今年老去年。黄河清有日,白发黑无缘。

一把鼻涕一把泪的幽怨之情,经由刘采春一唱,"闺妇行人,莫不涟泣"。元稹也听得心驰神荡,写诗赞美刘采春唱这首情歌时举手投足间的万种风流。

赠刘采春

> 新妆巧样画双蛾,慢裹常州透额罗。
> 正面偷匀光滑笏,缓行轻踏皱纹波。
> 言辞雅措风流足,举止低回秀媚多。
> 更有恼人断肠处,选词能唱望夫歌。

整首诗都在使劲赞扬刘采春的妖媚仪态,妆容精致,身姿婀娜,长袖善舞,总之,怎一个尤物了得,这时的元稹似又回到当年初见莺莺时的花痴样子。而当刘才春开口唱《望夫歌》时,那暖洋洋、麻酥酥的曲调和满脸的对男人的痴念神情,元稹浑身的骨头都快化掉了,所以他说"更有恼人断肠处,选词能唱望夫歌",这欲火难收的"恼人"一词,让人想起女人经常骂男人的"冤家""死鬼""死远点!"

关于元稹和刘采春,另外还有则记载,说元稹有一天喝醉了,牢骚满腹,在一个亭子的墙壁上开始涂鸦,他写道:"役役闲人事,纷纷碎薄书。功夫两衙尽,留滞七年余。病痛梅天发,亲情海岸疏。因循未归得,不是恋鲈鱼。"同僚便开他玩笑,"丞相虽不恋鲈鱼,乃恋谁耶?"其余的人就起哄,"丞相不恋鲈鱼,为好鉴湖春色"。春色就是这个刘采春。看来,元稹和这个春的绯闻已传得满天飞了。

细审元稹给薛涛和刘采春的诗,给薛涛的,多在极力夸奖她的才情,而给刘采春的,口吻则是轻薄、撩拨,反复赞叹她的丰盈欲滴、让人欲罢不能的美色,于是有学者质疑元稹和薛涛的关系,推测他们其实仅是诗友唱和,元稹和刘采春才是玩真暧昧。基于这个基础的推测,是不是流于轻率了?理由很简单,若想别人怎样看待你,最先取决于你怎样看待自己。薛涛的诗向来无淫声媚态、无打情骂俏、无脂腻粉香,即便是写给元稹的情诗,也是情意深挚,毫无造作、狎弄之态。不过,也许这也是元稹觉得她不及刘采春那么有情趣的原因?

恰在元稹和刘采春的绯闻闹得甚嚣尘上时,远在成都的薛涛,收到来自白居易的赠诗。元稹的每桩情事,死党白居易向来都知根知底，这次也不例外。奇怪的是从前他都保持沉默，这一回却忍不住要说话了。

赠薛涛

峨眉山势接云霓，欲逐刘郎被路迷。

若似剡中容易到，春风犹隔武陵溪。

从诗意看，白居易对元稹和薛涛的诗歌往来，是非常熟悉的，或许每一首他都读过。"峨眉山势"，化用元稹赠薛涛的"锦江滑腻峨眉秀"，首句喻蜀地地势艰险。次句，"刘郎"即刘晨，元稹当初勾引莺莺时写过一句"流出门前嫌阮郎"，那个阮肇和这个刘晨当时是一块进山采药、均被仙女留下的，此处喻指元稹。前两句意思是，远在成都的薛涛，欲追随元稹，无奈山高路远，只能被阻隔在两地。"剡中"，古地名，位于浙江境内，意即元稹在浙东的任职。末句，"武陵溪"化用薛涛赠元稹的"因何重有武陵期"。后两句的意思更为明白、坦诚，即使是克服崇山峻岭的艰险，终于到了浙江，不管武陵溪的约定还是桃花源的向往，到头来都是梦一场，意思是劝薛涛死了这条心，因为无论如何，她和元稹都是没指望的了。

尽管从长庆元年的书信以后，薛涛和元稹再无联系，薛涛早已默认这段感情已到尾声，但若一个旁观者再次站出来，郑重地劝她放弃，好像她还没放弃，还在痴望中，还等着别人施舍爱情,而这个多事的旁观者还又是元稹的好友,这其间的微妙和隐隐的攻击性,是既让人羞耻,又让人愤怒的。薛涛唯一能做的便是,继续,坚决,永远,保持沉默。此时,薛涛44岁了。与元稹十多年的感情纠葛,从青年时期持续到现在,终于彻底地画上了句号。

注释

1 《剑桥中国隋唐史》,561 页。

2 《剑桥中国隋唐史》,561 页。

3 《剑桥中国隋唐史》,563 页。

4 《剑桥中国隋唐史》,572 页。

5 尚永亮,《唐五代逐臣与贬谪文学研究》,273 页。

6 陈玮,《剑南西川节度使与唐代成都城市文化》,《长江文明》,2010 年第 1 期。

七

只有诗,陪她到年华尽头

古井冷斜阳,问几树枇杷,何处是校书门巷。
大江横曲槛,占一楼烟月,要平分工部草堂。

——(清)伍生辉

1. 碧鸡坊,吟诗楼,看着年华渐老

公元827年,唐朝政局再次发生动荡。一个月黑风高的夜里,宦官刘克朋潜入深宫,谋杀了唐敬宗李湛。此时李湛即位不过三年。历史经常以惊人的相似在重复。同一座深宫,七年前,宪宗遇害。史书记载,宪宗迷恋长生不老术,丹药中毒,精神失常,才为宦官所害。真相永远湮没在历史的风尘中。

敬宗死后,宦官集团企图拥立宪宗之子李悟。照例经过一番异常惨烈的政治大清洗,刘克朋被斩杀,其党羽得到肃清,穆宗第二子李涵即位,是为文宗,年号大和。

这一年,薛涛47岁。若按今天联合国世界卫生组织对年龄的划分标准,45岁才进入中年,薛涛是正当盛年。但在唐时,人的平均寿命也就五十来岁,像白居易一口气活到七十多岁是很少见的,根据这个节奏,薛涛真正进入暮年了。唐朝历史上,以"风流"著称的三大女冠诗人,薛涛唯一活到了暮

年。建中四年（783），朱泚京城叛乱，是薛涛的冤家韦皋平步青云的起点，却搭上了"女中诗豪"李冶的性命。李冶被逼向朱泚献诗，后朱泚被正法，德宗回宫，当初他丢下全城百姓和受他之邀到皇宫做客的李冶，独自逃跑，现在却给被逼献诗的李冶以叛国罪，辄令斩杀。而鱼玄机，仅23岁便被判死刑，史载因为她笞杀侍女绿翘而获刑。欲加之罪，何患无辞，后人大多认为鱼玄机死于自己热烈、奔放和大胆的性格，给同时代女人树立了不好的榜样，当局要杀一儆百。想来也在历史的必然中，时值公元868年，离唐亡不远矣，离男人以文弱著称、并恪守臭名昭著的"饿死事极小、失节事极大"的宋亦不远矣。鱼玄机之死，是时代风气再次收紧的先声，是失去自信的男权对女性的钳制。

在政治旋涡、时代风云的裹挟中，谁都不能独善其身，而生为女人，更易成为牺牲品。比李冶，薛涛似多了份机遇的馈赠，比鱼玄机，又多了份世故，但也许，不仅仅如此。李冶、鱼玄机的一生，都如闲云野鹤，脱略、风流、我行我素，她们以飞蛾扑火的速度，迅速成为传奇。但只有活得足够久，才能看清人生的脉络，来去、始终、起笔、收笔，历历在目。在暴力面前，李冶、鱼玄机均没有还手之力，终生混迹幕府的薛涛，比两人都多出一份对时代的洞察力。靠着这份敏锐，薛涛迎来了自己的晚年。

* 以飞蛾投火的速度，成为传奇。

47岁的薛涛，已长住成都三十余年，一生经历德宗、顺宗、宪宗、穆宗、敬宗、文宗六朝，约九任剑南西川节度使。对西川民间、诗坛、政治，乃至幕府的一花一草、一砖一瓦，乃至每一任节度使的性格、文采、治政的得失，薛涛都了然于胸。韦皋的骄横，高崇文的粗粝，武元衡的深谋远虑，王播的干练、段文昌的儒雅，杜元颖的碌碌无为，在薛涛，都看在眼里，所以张篷舟先生写道："历届蜀镇欲悉前人治蜀筹边故事，以涛为可咨询之人。"

不独作为幕僚，赢得幕友、历届府主的尊重，成都薛涛的诗名早已远播，从京城到边僻之地，誉满士林，名士争相与之唱和，凡到成都，必会拜访。甚至有使者将她的诗带回日本。今天的日本，薛涛仍有不乏像辛岛骁先生这样的铁杆粉丝。诸多名句流传于世，尤其是《竹郎庙》和《送友人》，千百年来传唱不衰。有必要再重温一下这两首诗。

竹郎庙

竹郎庙前多古木，夕阳沉沉山更绿。
何处江村有笛声，声声更是迎郎曲。

送友人

水国蒹葭夜有霜，月寒山色共苍苍。
谁言千里自今夕，离梦杳如关塞长。

薛涛笺,成为读书人的案头必备,无论日常写诗,还是收藏、送礼,都高端大气上档次。节度使王播就格外喜欢薛涛所制作的深红小笺,收藏不少,当他离蜀还京时,还带走一批,作为蜀地特产用来馈赠亲朋。诗人鲍容为向王播讨要彩笺,还特地写了一首诗:"川蜀笺纸彩云初,闻说王家最有余。野客思将池上学,石楠红叶不堪书。"由此,京城士子对薛涛笺推崇备至。

但繁华落尽,曲终人散,对于47岁的老妇人,浣花溪畔不再是一个理想的住处,附近制笺作坊的喧哗、商旅来往、溪面游人的舟楫穿梭嬉戏,还有那些镌刻着无数次默然伤怀的角落,都不再适合一颗年老的退隐的心。走吧,离开的时刻到了。这一次,要去哪里呢?

从16岁进入幕府,目睹西川三十余年的风云变幻,经历年少最无忧无虑的时光,经历人生万劫难复的磨难,又经历感情上的无法言喻的苦楚,以致"孤鸾一世,无福学鸳鸯",暮年的薛涛,早已心静如水,年轻时候的恃才傲物,对自己去路的迷茫,寄人篱下受人摆布时内心的屈辱与愤怒,意乱情迷中那种上天入地都无法寻求到安慰的噬骨伤痛,曾经阻挠了她对自己的认知,对世事的判断。很多个夜晚,她伫立浣花溪畔,久久沉默,难以入眠,为那闪耀着星星点点之光芒若隐若现的未来,为捕捉微笑中似有似无的承诺,因为她还年轻，她仍有期待。有期待，就有不安，就有对命运未知的惶恐。

现今，岁月和时光抚平她的希望、伤痛和热情，与年轻时不一样，47岁的诗人薛涛，既已看清自己47年中的来路，由此也能看到自己此生的去路。隐隐约约的，她明白生命行将终止，而且就在不远处。还看不清那个点，像在薄雾漫天的黄昏，沿着山间的小径行走，来路隐没在草丛间，刻在心里，去路不知道会走多久，但她明白，走就是了，总有一个时刻，终点会迎面撞上来的。

公元827年，薛涛搬离居住了约二十年的浣花溪畔，移居至城内的碧鸡坊。

碧鸡坊是个历史悠久的处所，始于西汉。西晋左思在《蜀都赋》中写道："金马骋光而绝景，碧鸡倏忽而曜仪"，萧梁李膺在他的《益州记》里也有相关记载："成都之坊，百十二，第四曰碧鸡坊。"杜甫寓居成都时，曾在诗歌《西郊》中描绘碧鸡坊的地理环境："时出碧鸡坊，西郊向草堂。市桥官柳细，江路野梅香。""市桥"，据说在今天的西胜街之南，出坊，经过市桥，再循江北岸，即可到达杜甫草堂，由此可知，当时的碧鸡坊便是今天的东胜街一带。[1]

碧鸡坊内，薛涛弄了一小块宅基地，为自己建了一幢小楼，称之为吟诗楼,从此薛涛"偃息其上"。从此时开始,薛涛常年"着女冠服"。薛涛对道教的喜爱,持续终生,与诗僧、道友品茶、弹曲、唱和,都曾是她热闹的社交生活的一部分。

但女道士在唐代,不能不说是时人的意淫对象,这意淫又因为李冶、鱼玄机这两位著名的女冠诗人而流传千古。对于许多轻佻的士人,女冠服更像是现代的护士装、女仆装,是一种制服的诱惑。比如面目丑陋有"温钟馗"之称的温庭筠就有专写女道士的《女冠子》。

> 含娇含笑,宿翠残红窈窕,鬓如蝉。寒玉簪秋水,轻纱卷碧烟。　雪胸鸾镜里,琪树凤楼前。寄予嫦娥伴,早求仙。

> 霞帔云发,钿镜仙容似雪,画愁眉。遮语回轻扇,含羞下锦幄。　玉楼相望久,花洞恨来迟。早晚乘鸾去,莫相遗。

诗中风情万种的女人,更因她的霞帔云发,多了一层挑逗禁忌的快感。而当白居易臆想年方十六的女道士在孤寒道观的日常生活,更是写得春情荡漾。《玉真张观主下小女观阿容》。

> 绰约小天仙，生来十六年。
> 姑山半峰雪，瑶水一枝莲。
> 晚院花留立，春窗月伴眠。
> 回眸虽欲语，阿母在旁边。

诗里与世隔绝的小道姑，既有小家碧玉的婉约，又有山间野百合的被收束在道装中的热烈。似乎她的矜持、整肃，只是为了成为一架性能良好的琵琶，等着被人找到、撩拨，弹出千古绝唱。

不管外界对女道士有怎样的戏谑，退隐吟诗楼，着女冠服，对薛涛而言，是人生的一个仪式。人活得足够久了，越会生发对生命的敬畏、悲悯，用一种形式，给自己不完满的人生画上一个完满的句号。"道"是一种隐逸，也是一种姿态，因为隐的同时又在用同一种方式来昭告天下。聪明如薛涛，已经隐约知道，作为驰誉中唐诗坛的女诗人，她将在文学史占有一席之地，就像张爱玲临死前刻意穿在自己身上的红色旗袍，这也是薛涛的姿态，她们都知道，自己将流芳百世，为人们所谈论，所好奇。她们鼓励了甚至怂恿了这种好奇，用红色旗袍，用吟诗楼，用女冠服，同时，她们缄默不语。不辩驳，不解释，不自怜，也许，这种缄默也是在怂恿。

但吟诗楼并不清寒，像"退隐"给人的习惯性想象那样。此时的薛涛实在是太有名了，登门拜访、求诗的人络绎不绝，清代诗人张怀溥在诗里渲染了这种盛况："风雨瑟居楼上头，楼下车马半诸侯。"孤僻自守也从不是薛涛的天性，即便在暮年，她也没有完全从社交中退出。邻居中有一位孙处士，明媚早春，她会邀他同游，去青城山，去万里桥，去看蜀都春日的绿树红花。这一日，孙处士远游未归，薛涛只好独自出门，借助诗歌，薛涛记捕捉了春光的音符，也流露些许不能与好友同游的遗憾。

春郊游眺寄孙处士

今朝纵目玩芳菲，夹缬笼裙绣地衣。
满袖满头兼手把，教人识是看花归。

低头久立向蔷薇，爱似零陵香惹衣。
何事碧鸡孙处士，伯劳东去燕西飞。

现在春景大好，草长莺飞，杂花满树，地上丁丁点点的草花，点缀在地衣之间，像极少女的花裙，归来时，头发袖子沾满了各色花瓣，让人认为我刚刚是在外面学习植物学。"满袖满头兼手把，教人识是看花归。"从中能体会出薛涛沐浴春光里小女孩般的欣喜，好多年里，薛涛都没有这么轻快的心情，上一次还是在浣花溪上泛舟吧，多遥远的事了，20年前，搬到浣花溪畔的第一个春天，那时，她刚脱籍，天地广阔，陶醉在自由的喜悦里，那时，元稹还只是一个遥远的名字,还未在她的内心掀起惊涛骇浪。

盛放的蔷薇,姿态妩媚,香气四溢,惹得人久久流连,伫立、观赏,不愿离去。这么好的春光,却不能与孙处士共赏,真是遗憾呐。想象薛涛在蔷薇面前低头久立、沉思的样子,一千多年前的这个春天里,女诗人会想些什么呢?在"伯劳东去燕西飞"中,薛涛化用"劳燕分飞"的典故,比喻与孙处士的友谊,亲密、诚恳,却不腻歪,永远都是薛涛在男人堆里混的社交技巧。

平素唱和的诗友中,有多年前旧相识,她敬重的诗坛前辈。比如刘禹锡,他的"沉舟侧畔千帆过,病树前头万木春""旧时王谢堂前燕,飞入寻常百姓家"真是让人爱不释手的好诗。"永贞革新"失败,刘禹锡受到牵连,遭到贬谪,在穷山恶水间辗转20年,让薛涛多了份钦佩,又不免扼腕、唏嘘。后来长庆初年(821),刘禹锡任夔州(今重庆市奉节县)刺史,游历巫山庙,写下《谒巫山庙》的和诗,寄予她。刘禹锡写道:

> 巫山十二郁苍苍,片石亭亭号女郎。
> 晓雾乍开疑卷幔,山花欲谢似残妆。
> 星河好处闻清佩,云雨归时带异香。
> 何事神仙九天上,人间来就楚襄王。

薛涛展开诗笺时,又看到自己从江陵回成都,途经三峡,扁舟在汹涌的波浪里颠沛的情景,壁立千仞,风声猿唳,漫天的萧瑟,漫天的难舍弃,被生生扔到石壁上,摔得粉碎。

现在又到白槿花开的时节,这位久未联系的老诗友,突然寄来一首关于白槿花的小诗,薛涛凝神片刻,挥笔在自制小笺上写下《和刘宾客玉蕣》。

  琼枝玓瓅露珊珊,欲折如披云彩寒。
  闲拂朱房何所似,缘山偏映日轮残。

白槿花,《本草纲目》描述为:"朝开暮落,故名白蕣,犹仅荣一瞬之义也。"年长薛涛10岁的刘禹锡,此时已逾60,想来对生命有特别的感悟,才寄语薛涛,大有同命相怜之感。但即便只是转瞬即逝,白槿花开之时依然华彩流溢,连云彩、日光都相形失色。在这首诗中,薛涛倾注了在她的酬唱诗中少有的热情,对自然、对生命一如既往的虔诚与热爱,赋予她感性、超凡的洞察力,去观察、感受自然万物的灵动韵律。钟惺评论此诗:"咏得神似,自觉光莹在目。"

此时的薛涛,在中唐诗坛迈入前辈的行列了。有前辈,就有晚辈,长江后浪终要将前浪拍死在沙滩,这是又一种自然规律。但当后辈终于占领山头,这期间仍有一段时间,前辈与后辈同在,后辈拽着前辈的衣襟,渴望指引,也借此增加自

当我们在情海沉浮
眼泪都流干,看不清去路
时间会给予默默的援助
不管你发誓永远不忘记还是永远忘记
狂热、执迷都会退潮

有时候,人生的主题就是失去,失去爱人,失去友人,这是一种不可抗力
我们无能为力,只能凝视着手指关节处皮肤的起皱
轻叹过往时光、岁月的忧伤
眼睁睁看着那些如山般沉重、如海般神秘难测的爱与痛
在生命里镌刻下印迹

有一种情谊
从不热络,也远谈不上深厚
和时间本身一样冲淡、平和,稳稳当当
他就在那,很久之后,回头打量
他还在那,不紧不慢,不远不近

浣花溪畔不再是一个理想的住处,不再适合一颗年老的退隐的心
走吧,离开的时刻到了
这一次,要去哪里呢

隐隐约约的,她明白生命行将终止,而且就在不远处
还看不清那个点,像在薄雾漫天的黄昏,沿着山间的小径行走
来路隐没在草丛间,刻在心里,去路不知道会走多久
但她明白,走就是了,总有一个时刻,终点会迎面撞上来的

美人迟暮究竟胜过英雄末路
尽管都不是好时候

不卑不亢,不管对人还是对事
历来都被认为是最完美的状态
但所有的不卑不亢,都不会无缘无故地到来
所有的宠辱不惊,都因为先前都深深地惊过

薛涛登上吟诗楼,农耕时代的夜色,亘古而永恒,真正是沧海一粟
时间似乎总是流得很慢,一日一日,结结实实,绵长得让人心烦
但回望时,却发现那么多人世的秘密
已密密实实织进时光中,从缝隙筛漏下的光斑,薄而明亮而脆,逼视着自己

己的知名度。小薛涛24岁的成都诗人雍陶,《唐才子传》称其为"恃才傲睨",赠送给薛涛一幅《巴峡图》,薛涛写诗回赠,表达自己的感谢之情。

酬雍秀才贻巴峡图

千叠万峰万顷湖,白波分去绕荆吴。
感君识我枕流意,重示瞿塘峡口图。

画里的巴峡风景千叠万峰,烟雾缭绕,在山和丘陵的阻隔中,湖水分流,环绕着荆吴地区。波澜壮阔,令人神往。"枕流",典故,喻隐士之高洁。非常感激你体谅我归隐林泉的心意,让我在这张瞿塘峡口图中唤起对往昔的回忆。中规中矩的长者口吻,同时字里行间又涌溢着追忆年华之感,这将是薛涛晚年诸多诗歌的一个特色。美人迟暮究竟胜过英雄末路,尽管都不是好时候。可以大大方方谈"当年",气场终能压住岁月风霜。

杜牧,约小薛涛22岁,此时正值风华正茂的年纪,据《唐语林》载,"杜牧少登第,恃才喜酒色",风流韵事那叫一个多。慕薛涛风雅,杜牧将自己所写诗篇寄赠薛涛。

白蘋洲

山鸟飞红带,亭微折紫花。
溪光初透彻,秋色正清华。

近处知生乐，喧中见死夸。
　　无多珪组累，终不负烟霞。

不愧为擅揣女人心思的高手。分寸拿捏得刚好，既能博美人一笑，又不显得轻浮，尤其最后两联"近处知生乐，喧中见死夸。无多珪组累，终不负烟霞"，盛赞薛涛诗品、人品以及她居住环境的风雅，隐居成都一隅，闹中取静，别具一格的林下风致。收到此诗，薛涛遥想当年自己24岁的年轻时光，心中自然感概万千。

酬杜舍人

　　双鱼底事到侬家，扑手新诗片片霞。
　　唱到白蘋州畔曲，芙蓉空老蜀江花。

"双鱼"指书信，前两句写自己收到杜牧书信及其《白蘋洲》赠诗时的欢快心情。后两句向年轻诗友感叹自己终将老于蜀江。杜牧赞赏她"终不负烟霞"，薛涛表示自己"芙蓉空老蜀江花"，略带自嘲，而那份泰然、从容，多么不同于多年前写给段文昌的"侬心犹道青春在，羞看飞篷石镜中"中战战兢兢的伤感。

蜀地春雨，往往一下就十天半个月，淋漓、纠缠、娇媚、如泣如诉，以它特有的绵绵情意绊住蜀人出外游历的脚步，但也就在这淅沥的雨声中，万物生长，青烟般的薄雾中冉冉绽出新的芽，新的绿。薛涛与友人在雨后的竹林小径上漫步，友人对雨后之竹的那份鲜绿欲滴啧啧赞叹。薛涛不以为然，雨后春竹固然妩媚可爱，风雪中的苍竹却更加深秀、坚贞。

酬人雨后玩竹

> 南天春雨时，那鉴霜雪姿。
> 众类亦云茂，虚心宁自持。
> 多留晋贤醉，早伴舜妃悲。
> 晚岁君能赏，苍苍劲节奇。

"晋贤"，竹林七贤，"舜妃"，指娥皇、女英。由首联可知，薛涛此诗是在回应友人对春竹的赞美，并认为友人夸赞春竹是因为他尚未见识风雪中的苍竹。中间两联写竹操守自持的品格，无论竹林七贤的卓尔不群，还是娥皇、女英二妃的坚贞不渝。最后两句，薛涛将竹之赞赏推向顶峰，若要欣赏竹的节操，必须得到岁末寒冬，等到严霜风雪，才能看到它傲然天地的劲拔身姿。

回首往事，薛涛无怨，亦无悔。身为乐伎，身为幕僚，她侍酒赋诗多年，却从不敢忘记一个诗人应有的节操。高山仰止，景行行止，虽不能至，然心向往之。

2. 容颜在衰老中憔悴，诗在衰老中闪亮

安史之乱以后，经历肃宗、代宗、德宗三朝皇帝无甚建树的统治，宪宗时期，唐王朝威权的恢复终于有了点起色。宪宗被称为"晚唐最强有力的皇帝"[2]，在他的时代，中央集权得到加强，藩镇势力得到遏制，政治迫害事件减少，他还尽量和臣僚搞好关系，虽然刘禹锡、白居易、元稹等都屡次遭到他的贬谪，但比起他爷爷德宗晚年把自己关在深宫拒绝与臣僚沟通的消极行为，宪宗与官僚集团的关系，整体上趋于良性的互动模式。他鼓励朝臣发表意见，知人善任，特别是在其鼎盛时期所任用的武元衡、李吉甫等一批大臣，都对唐王朝的中兴有重要影响。安史之乱以来，人们首次对唐王朝的未来充满信心。

宪宗的"中兴"给周边虎视眈眈的邻居也多少带来了些震慑力。比如南诏。宪宗时期，中国与南诏一直相安无事。剑南西川，经过韦皋、高崇文、武元衡、李夷简、王播、段文昌数位节度使所坚持的友好睦邻政策，南诏热心学习了唐王朝的政府管理机制和文化特色，还派贵族子弟到成都留学。9世纪即将到来时，中国与南诏结成的反吐蕃联盟，大大增加了西南边境对吐蕃的威慑力和防御能力。

但在宪宗朝末期，宪宗干劲使完了，再加上长期服用据说是

长生不老的丹药,导致其精神狂躁,喜怒无常,直至820年被杀,"中兴"消失。宪宗"是唐代后期几乎重建太宗之治的人"[3],但这就像回光返照,瞬间的耀眼之后,是更为深重的沉寂。随着南诏国力的强大,随着多年的交流学习中对中国政治、习俗的熟悉,南诏越来越不怕老师了。

长庆三年(823),段文昌离蜀入京,拜刑部尚书,杜元颖成为新一任剑南西川节度使。这个杜元颖,《旧唐书》本传说他"文雅自高,不晓军事,专务积蓄,减削士卒衣粮"。自以为有两下子,却是个不懂军政的棒槌,一心敛财,连分配给将士们的衣服、粮食都给贪污了。长此以往,少衣缺粮的边地戍军开始对南诏频繁骚扰,抢夺物资,而南诏也不是省油的灯,"蛮人反以衣食资之,由是蜀中虚实动静,蛮皆知之"[4],一来二去,蜀中政治、军事漏洞,他们掌握在手的情况,远比杜元颖这个节度使还多。

大和三年(829),南诏袭击成都,军队直指成都西南郊区,"扬言要把中国人民从他们自己长官的荼毒下解救出来"[5]。南诏在城郊驻兵十日,"乃大掠子女、百工数万人及珍货而去",并以"所掠蜀人二千及金帛赂遗吐蕃",造成"自成都以南,越西以西北,八百里之间,民畜为空","蜀人恐惧,往往赴江,流尸塞江而下"。[6] 自806年刘辟叛乱被平,西川人民取得来之不易的和平才二十多年,又再一次遭受重创。

大和四年（830），文宗终于将杜元颖撤职，让李德裕任剑南西川节度使，出镇成都，收拾烂摊子。李德裕，宪宗朝著名宰相李吉甫之子，用《剑桥中国隋唐史》里学者的话说，"他善于掌握细节；会斟酌别人的长处和短处而量才加以使用；能够协调大规模的政府行动，并且向皇帝提交设想复杂的建议"，在文宗之后的武宗一朝，经过在剑南西川节度使等官职上多方历练的李德裕，权倾一时，成为"唐王朝京师里主宰一切的政治人物"，[7] 对遏制9世纪40年代的藩镇叛乱和国内多次暴动，有相当程度的贡献，也可以说，李德裕的政治才干延缓了唐王朝陷入深渊的节奏。

李德裕不仅是中晚唐著名的政治家，也是一个文学名家，在幕府内运筹帷幄的同时，仍有着诸多文人的爱好，诸如广泛的文学交游，与韩愈、柳宗元、刘禹锡等文学大家多有唱和，诸如爱花，爱山水，有"山水癖"之称。李德裕的平泉山庄在当时名冠一时。《剧谈录》中对平泉山庄的记载为："平泉庄在洛城三十里，卉木台榭甚佳。有虚槛，引泉水，萦回穿凿，像巴峡洞庭十二峰九派迄于海门江山景物之状。竹间行径有石，以手摩之，皆隐隐见云霞龙凤草树之形。"总之，山庄景物都精雕细琢、种着全国各地搜集来的奇花异草，李德裕爱惜不已，为此还写了个《家戒序录》，"移吾片石，折树一枝，非子孙也"，令人想起现今流传的倡导爱花爱草的狠话："今天踩我头上，明天长你坟上。"

其时，着女冠服、退隐吟诗楼的薛涛，已经声名远播，蜚声中唐文学圈，同前任武元衡一样，李德裕进蜀前必定早就听说薛涛，对其诗才倾慕不已。又素闻薛涛爱花，所以很自然的，李德裕从自己的平泉山庄带来几株奇异的当时西川尚未有人种植的花苗，赠给薛涛，作为见面礼。这就是海棠。薛涛写诗《棠梨花和李太尉》，表达对他的感激之情。

> 吴均蕙圃移嘉木，正及东溪春雨时。
> 日晚莺啼何所为，浅深红腻压繁枝。

"棠梨花"，即海棠之一种。"蕙圃"，指李太尉的平泉山庄。"吴均"，梁朝著名诗人，有诗"原持江南蕙，以赠生刍人"，"东溪"，薛涛居处附近的溪岸。诗歌首联借吴均典故，记述李德裕从平泉山庄带花给她一事，也含蓄恭维了李可与吴均比肩的文学才华。得到海棠花的幼苗，正值春雨绵绵的时节，择日栽种，经过精心培植，海棠花花开时"浅深红腻压繁枝"的盛景是指日可待的，到那时，本该黄昏归林的疲倦的鸟儿们，恐怕也舍不得离去，在此流连忘返呢。

终于，在又一个春天，等来了海棠花满东溪的时刻。薛涛再赋诗一首，表达自己的喜悦之情。

海棠溪

春教风景驻仙霞,水面鱼身总带花。

人世不知灵卉异,竟将红缬染轻沙。

满满的、由衷的喜悦喜爱,想象力便格外出挑。春天里盛开的海棠花,好似一片瑰丽仙霞,笼罩在溪岸,连水面下游弋、嬉戏的鱼,身上都抖印着海棠花花瓣的碎影;海棠花开热烈、不同凡响,甚至溪边的细沙都印染了花儿的色彩,真是人间难得一见的胜景。

经学者王仲镛教授考证,薛涛是目前所见唐代诗人中最早吟咏西川海棠的,因此,她也极有可能是成都第一位海棠花的种植者。这样的话,薛涛对蜀的贡献,就不仅是薛涛笺这一桩了,她是西川最早的海棠种植户。[8]

在不久的将来,碧鸡坊将成为海棠花的天地,到了晚唐,西蜀海棠的繁盛,已经名誉天下了,五代时,后蜀燕王的宫廷里,海棠是一道主要风景,而燕王宫所在地,恰是碧鸡坊。海棠也成为后世诗人反复吟咏的对象,如花蕊夫人"海棠花下合《凉州》",范成大"碧鸡坊里花如幄,燕王宫下花成谷",陆游甚爱海棠,他在自己的诗词里屡次提及碧鸡坊的海棠,如"走马碧鸡坊里去,市人唤作海棠颠""碧鸡海棠天下绝,枝枝似染猩猩血""成都二月海棠开,锦绣里城迷巷陌"等等。薛涛开风气之先，所培植的海棠为后世文人雅士提供了这么多情趣，倘若她泉下有知，肯定也会为之欣喜的。

贞元年代，韦皋制定的西川与周边少数民族"启戎资益"的政略，在韦皋之后二十多年西蜀时局的变动中，以及相应的调整、修正中，渐渐不复当初的形制，大和年代，又经历杜元颖这样无能将帅的管理不善，边境治理漏洞百出、与邻国关系日渐恶化，南诏袭成都后，"启戎资益"终成为一纸空文，失去先前的基础。李德裕入蜀后，经过一段时间对局势的了解、掌握，决定在今天的阿坝、甘孜、凉山境内广泛设防驻军，建筹边楼做战略攻防之所。[9] 筹边楼的战略意义，《资治通鉴》卷二四四中提道："图蜀地形，南入南诏，西达吐蕃。日召老于军旅、司边事者，岁走卒蛮夷无所间，防以山川、城邑、道路险易，广狭远近，未逾月，皆若身尝经历。"

筹边楼落成之日，幕僚们陪同府主登上塔楼，勘察塔楼完工状况，老妇人薛涛也在其中。照例，幕僚须向节度使大人献诗，记录西川这一重大军事策略。薛涛也不例外。

筹边楼

平临云鸟八窗秋，壮压西川四十州。
诸将莫贪羌族马，最高层处见边头。

开篇即见恢弘,"平临云鸟",点明筹边楼的地理位置,雄踞高处,平视云际飞鸟,俯瞰西川大地,筹边楼的壮观、巍峨,如在眼前。"八窗",是对筹边楼内部战略环境的一个简要勾勒,再加一个"秋",又刻画出筹边楼在萧瑟深秋、屹立于天地间的景象,苍凉而壮阔。后来李清照有诗句"水通南国三千里,气压江城十四州"即是化用"平临云鸟八窗秋,壮压西川四十州",两相比较,无论气势、情致,高下即见。

* 论才气,薛不如李,但薛生在唐,而李在宋,壮气终有差异。

据《旧唐书·党项羌传》记载,大和年间,藩镇将领贪婪,强行购买羌人羊马,却不支付足够的钱款,羌人不堪其苦,屡屡反抗,在边境滋扰,边患屡生。第三句,薛涛笔锋一转,从赞赏筹边楼的雄劲气势,转而冷静的提醒边地诸将领,若想维系和平,就不能无视边患根源。末句"最高层处",再一次夸赞筹边楼的地势险峻、居高临下的战略重要性,又暗喻西川最高行政长官李德裕策略的正确。钟惺评论此诗:"教戒诸将,何其心眼,洪都岂止女子哉?固一代之雄也!"清代纪昀在《纪河间诗话》中评论:"其托意深远,非寻常裙屐所及。"

这首诗诗风壮阔,笔力雄健,是薛涛后半生献酬诗歌中一贯的风格,但在苍凉、劲节等意境上,薛涛又多了一种深情,这是老年赋予她的。此时薛涛51岁了,在她的有生之年,这是她最后一次向川主献诗,在她的眼里,看到的不仅是川主、军功、西川人民万众期待的和平,还有赐予她生命、才华、养育她51年的蜀地山川。我相信,在这一刻,当诗人薛涛登临筹边楼,眺望远方,她意识到了,这将是她的最后一首诗歌,是她作为诗人的一生的,压卷之作。

3. 书信渐少,祭文渐多

一个人的老年,总会伴随诸多年轻时代无法想象的事,其中之一,便是对死亡的熟悉,正如刘禹锡诗里写道的:"世上空惊故人少,集中惟觉祭文多。"熟识的同龄人,纷纷离开这个世界,原本生前也热热闹闹,死后竟如此静寂,以至偶然提到某人的名字,当朋友提醒,哦,他不在了,都要仔细回想,继而是小规模的惊愕,竟然就这么悄无声息地,不在了。

但对薛涛来说,死亡早就不是一桩那么陌生的事。有时候,一个人的成长就是以见证死亡为前提的。十岁左右,父亲病逝,几年以后,母亲去世,但那仿佛都已经非常遥远了,仿佛发生在另一个世纪,属于薛涛的前传。青春的万丈光芒,才华横溢所受到的追捧,踮着脚尖去探求命运的不管不顾的豪情,似乎是一个盛大的补偿,遮掩了年少失怙、对世界试探之初的那种如履薄冰，也遮掩了内心深处对至爱至深至稳定的情感的渴望。千载以后，当我们从其含蓄、不轻言柔软、无雌气的诗风中，能瞥见这一早年不幸对她命运的深刻影响。倾诉、愤怒乃至绝望，任何一种激烈的情绪，都仍然是拼挣，向世间的争取，有乐观的成分，只有最深刻最彻底的不安全感，才是安静的、缄默的，无求于人。

来自死亡最深刻的震动，无疑是贞元元年韦皋的暴卒，这个让薛涛爱恨交加的男人，给了她巨大的宠爱与荣耀，又给了她万劫不复的屈辱，25岁的薛涛，一夜之间便历经沧桑。十年以后，35岁时，薛涛收到恩人武元衡被暗杀的噩耗。"信陵公子如相问，长向夷门感旧恩。"每次默念此诗，都会让人眼角湿润，身逢乱世、末世，一个孤女对恩人的拳拳感激，愈发让人唏嘘。

* 孔雀也死了，这对薛涛也一定是意涵深邃的事件。

进入40岁，来自死亡的信息似乎越来越频繁了。唐敬宗卒，一代文豪韩愈卒，曾经的韦幕同僚、她与元稹的牵线人严绶卒，前任节度使王播卒，连长住幕府32年让人以为它要永远住下去的孔雀，在经过漫长的衰老、委顿后，也终于扛不住，死掉了。

韦令孔雀，从799年至831年，一直被豢养在西川节度使幕府，不仅是韦皋功勋的见证，一度也是四川和南诏友好的见证。经历韦皋、刘辟、高崇文、武元衡、李夷简、王播、李德裕等多任节度使，又经历四川与南诏的友好睦邻时期和829年南诏对成都西南郊的袭击，西川天地变幻，南诏也早已不是从前那个南诏，孔雀却两耳不闻笼外事，兀自待在自己的小单间里，开屏，发出难听的叫声。曾经作为一种象征，后来作为一种历史，再后来作为文人寄托哀思的文学意象，再后来才作为孔雀本身，韦令孔雀就这样度过了它的一生。32岁，在孔雀世界中已是一个超高龄的老家伙，或许节度使幕府的养尊处优以及巴蜀温润的空气，使它忘了生为孔雀，还有死这一茬。

就在人们懒得去关心它到底还死不死的时候。老孔雀像是要引起人注意似的，突然归天。它的辉煌、曾经披挂在身的那么多重身份、它作为鸟的不平凡的一生，果然成为幕府、中唐蜀地、甚至诗坛的一件盛事。一票诗人纷纷写诗悼念。李德裕牵头，刘禹锡等众多诗人唱和。

一如既往地，薛涛保持沉默。在自己的诗歌里，对孔雀的死只字未提。

远方再次传来消息，元稹去世。公元831年7月22日，元稹在武昌节度使任所猝然离世。

穆宗时高开低走的元稹在大和三年（829），文宗即位不久，再次奉诏回京。当初元稹咸鱼翻身，于长庆元年入朝为翰林中书舍人承旨学士，就是在宪宗死后穆宗即位初。这一次，文宗让元稹当尚书左丞。元稹携全家回到阔别七年的长安，裴淑又特别有眼色，这当儿，铆着劲给他生了个儿子，老来得子不容易，年过五十的元稹，也许真的时来运转了。

用时乖命蹇这个词来形容元稹仕途，真是没错的。没过多久，在又一轮明争暗斗中，中晚唐政坛牛党领袖牛僧孺入朝为相，他原来的位置武昌节度使给空下了，文宗便命令元稹去填补这个空缺。元稹那个欲哭无泪啊。《云溪友议》里记录了这么一件轶事：得知刚回长安又要被派到武昌，刚生完儿子以为这辈子可以稳稳当当做个京城名媛的裴淑，忍不住在屋内大哭。元稹只得相劝：

> 穷冬到乡国，正岁别京华。
> 自恨风尘眼，常看边地花。
> 碧幢还照耀，红粉莫咨嗟。
> 嫁得浮云婿，相随即是家。

一生混迹官场，在各种倾轧中，最后以"嫁得浮云婿，相随即是家"聊以自慰，其间的百般无奈，屡次遭贬谪的白居易也深有体会："随波逐浪到天涯，迁客生还有几家？却到帝乡重富贵，请君莫忘浪淘沙。"

此后，元稹就没想法了，专心敛财。我们的八卦记者段成式这时又跳出来，不忘调侃一下元稹，他在《酉阳杂俎》前集卷八中讲了元稹死前的征兆。贪财的元稹在他武昌的别墅里立了几只大缸，每只缸都盛了满满的油，一个风雨大作的日子，搁大油瓮的架子突然塌了，但那几只大油瓮仍然稳当当地立在那，一滴油都没洒出来，当真是贪财贪到滴油不漏，但没过多久，元稹就死了。

* 失去理想的文人易成贪腐高手。

元稹的真正死因应该是嗑药嗑的，白居易在《思旧》诗里写道："微之炼秋石，未老身溘然。"明白地说，元稹炼丹、服食丹药不当，中毒身亡。一生饱经宦海浮沉，元稹心力交瘁，在其晚年希望借助宗教来慰安余生，只是他天性急躁冒进，无论仕途还是生活，都难免自作聪明、贪图捷径，最终都为这种贪婪所害。

白居易作《祭微之文》，哭得惊天动地，读来令人泫然。"……呜呼微之！始以诗交，始以诗诀。弦笔两绝，其今日乎！呜呼微之！三界之内，孰不生死？四海之内，谁无交朋？然以我尔之身，为终天之别。既往者矣，未死者如何？呜呼微之！六十衰翁，灰心血泪，引酒再奠，抚棺一呼。"

薛涛缄默不语。

* 最熟悉的陌生人。

此时元稹于她,已是最熟悉的陌生人。距长庆元年元稹入翰林,最后一次寄诗予她,也有十年了吧。这十年,元稹从炙手可热的宰相高位,跌为越州刺史兼浙东观察使,几年前,再被贬于武昌节度使。这些,薛涛了如指掌,但再没有过书信往来。伴随着白居易所寄赠诗歌"若似剡中容易到,春风犹隔武陵溪"中隐含的讽劝之意,薛涛已经埋葬了最后一丝对元稹的思念。

她当然听说过刘采春。一点都不奇怪。她已心如止水,一点涟漪都没有。她也当然记得当年去梓州、去江陵的情景,记得那许多个思念到无眠的夜,秋泉在寂静深处呜咽,记得那噬骨的被弃的绝望在身体中的爆裂、嘶喊、燃烧,一如创世初的大火。万物静默,宇宙无言,静静将这些思绪吸纳进苍穹,化作蜀地山川的一缕忧思,在山野间游荡,滋养着无数人的无眠,千百年以后,当游人在望江楼畔伫立、出神的几秒钟,与之蓦然相遇,待醒过神来要去捕捉,却早已不见踪迹。

浩然伤痛,终将归于静寂。薛涛不语。没有悼念元稹的片言只语留下,一如之前的誓言。坚决,永远,保持沉默。尘埃即将落定,我们都会知道死亡的秘密。

只有诗,
陪她到年华尽头

4. 没有等到的归来

大和五年（831），在这段满载着死亡消息的沉重光阴中，终于传来一个好消息，段文昌即将再次充任剑南西川节度使。又是十多年了吧，长庆元年，薛涛在给好友的诗中写道："侬心犹道青春在，羞看飞蓬石镜中"，还在为自己青春的逝去伤感伤怀，如今，却真的是垂垂老妇了。长庆三年，段文昌离蜀，原以为当日一别，今生再无相聚的机会了，没想到命运终于眷顾她。也许，也许她还能见到他。

薛涛登上吟诗楼，伫立栏杆，凝视窗外。夜的景色，和多年前她出生的夜晚，似乎并无二致，农耕时代的夜色，亘古而永恒，真正是沧海一粟。时间似乎总是流得很慢，一日一日，结结实实，绵长得让人心烦，但回望时，却发现那么多的人世的秘密，已密密实实实织进时光中，从缝隙筛漏下的光斑，薄而明亮而脆，逼视着自己。一个人大限即将到来时，该是有预感的。意识与元气一点一点从身体抽离，疲惫不堪，总想躺下来好好休息，却又有难以释怀的忧伤，在胸骨中硌着，无法入眠。眉州的小院落，父亲母亲的脸，幕府的歌舞会，边地营帐隐约传来的军鼓声，浣花溪里夕阳晚照中采莲女的歌声，三峡孤峰绝岸下波涛的怒吼，一切一切都在脑海一一浮现，似乎是想要为自己一生的命运，寻找到一个出处，一个注解。

在她的身后，夜的苍茫与辽阔与浩荡中，涌聚着历史的风云。三百年的大唐还将剩下最后六十余年，还将有武宗、宣宗、懿宗、僖宗、昭宗、昭宣帝六朝皇帝，顺着王朝衰落的惯性，完成他们命中注定的悲剧人生。大和六年（832），段文昌卒，李德裕还朝，李党得势，牛党代表牛僧孺遭贬。大和九年，"甘露之变"震惊全国，数千人被杀被贬，朝野上下人心俱散。戍军暴动频发，民间叛乱四起，逼良为娼为盗为暴徒。宣宗大中十三年（849），浙东爆发裘甫动乱，懿宗咸通九年（868），庞勋暴动，僖宗乾符元年，王仙芝暴动，翌年（874），黄巢登上唐末的历史舞台。

黄巢带着散兵游勇开始他的史诗性进军，转战南北，席卷长江、闽江、珠江流域，入东都，取长安，方圆几千里，如入无人之境。一个落魄书生的末路狂奔，一个屌丝逆袭未成变穷寇，以摧枯拉朽的势态，拉上了风华三百年的大唐来陪葬。直至公元907年，一个叫朱温的人废黜做了三年傀儡皇帝的昭宣帝，建立梁朝，唐亡。中国从此进入四分五裂、割据称雄的五代。遍地英雄，遍地枭雄。但这些风云际会，都与她无关了。

在生命最后的时日，孤女薛涛，剩女薛涛，诗人薛涛，在等待友人的再次归来。无论怎样的大动荡，大时代，大历史，收归到人的生灵之躯，都是人心，是泪，是笑，是祝福，是悲悯，是爱恨嗔痴、离愁别绪。

水国蒹葭夜有霜，月寒山色共苍苍。
谁言千里自今夕，离梦杳如关塞长。

公元832年秋，一代女诗人薛涛在成都碧鸡坊的吟诗楼内，溘然长逝，享年52岁。

同年11月，段文昌入蜀。抵达成都后，段文昌即为薛涛刻碑、撰写墓志。碑题为"唐女校书薛洪度墓"。墓志今不存。

注释

1　刘天文，《薛涛诗四家注评说》，152页。

2　《剑桥中国隋唐史》，560页。

3　《剑桥中国隋唐史》，576页。

4　《资治通鉴》，卷二四四。

5　《剑桥中国隋唐史》，626页。

6　《资治通鉴》，卷二四四。

7　《剑桥中国隋唐史》，607页。

8 　王仲镛，《试论西川海棠与薛涛》，薛涛研究会会刊《薛涛与望江楼》，第 2 期。

9 　郭祝崧，《薛涛小诗系史实》，《成都大学学报》，1996 年 3 期。

主要参考书目

1. 刘天文,《薛涛诗四家注评说》,四川出版社巴蜀集团,2004年版。
2. 张篷舟,《薛涛诗笺》,人民文学出版社,2012年版。
3. 《薛涛研究论文集》,四川人民出版社,2000年版。
4. 荣新江,《隋唐长安:性别、记忆及其他》,复旦大学出版社,2010年版。
5. 陈弱水,《隐蔽的光景:唐代的妇女文化与家庭生活》,广西师范大学出版社,2009年版。
6. 陈文华,《梦为蝴蝶也为花》,上海古籍出版社,2007年版。
7. 陈平原,《千古文人侠客梦》,北京大学出版社,2012年版。
8. 高居瀚,《画家生涯:传统中国画家的生活与工作》,生活·读书·新知三联书店,2012年版。
9. 雷金庆,《男性特质论:中国的社会与性别》,江苏人民出版社,2012年版。
10. 汪聚应,《唐代侠风与文学》,中国社会科学出版社,2007年版。
11. 乔以钢,《中国的风流才女》,国际文化出版公司,1993年版。
12. 黄正健,《唐代衣食住行》,中华书局,2013年版。
13. 于赓哲,《巾帼宰相上官婉儿》,陕西师范大学出版总社,2014年版。

14. 邓小南、王政、游鉴明，《中国妇女史读本》，北京大学出版社，2011年版。
15. 许总，《元稹与崔莺莺》，中华书局，2004年版。
16. 刘梦溪，《中国文化的狂者精神》，生活·读书·新知三联书店，2012年版。
17. 陈弱水，《唐代文士与中国思想的转型》，广西师范大学出版社，2009年版。
18. 王昆吾，《唐代酒令艺术》，东方出版中心，1993年版。
19. 张箐，《唐代女性形象研究》，甘肃人民出版社，2007年版。
20. 谭正璧，《中国女性的文学生活》，江苏广陵古籍印刻社，1998年版。
21. 《隋唐气象》，北京师范大学出版社，2009年版。
22. 池万兴、刘怀荣，《梦逝难寻——唐代文人心态史》，河北教育出版社，2001年版。
23. 陶慕宁，《青楼文学与中国文化》，东方出版社，1995年版。
24. 王辉斌，《唐代诗人婚姻研究》，群言出版社，2004年版。
25. 邱瑰华，《唐代女冠诗人研究》，中国文史出版社，2002年版。
26. 李晓培，《唐代入道女性世界中的性别意识与情欲》，山西教育出版社，2011年版。
27. 谢遂联，《唐代都市文化与诗人心态》，浙江大学出版社，2010年版。
28. 蹇长春，《白居易评传》，南京大学出版社，2011年版。
29. （荷兰）高罗佩，《中国古代房内考》，尚武印书馆，2012年版。

30. 张国刚，《唐代藩镇研究》，中国人民大学出版社，2014年版。
31. 杨波，《长安的春天——唐代科举与进士生活》，中华书局，2007年版。
32. 闫红，《她们谋生亦谋爱》，天津教育出版社，2007年版。
33. 张宏杰，《中国国民性演变历程》，2013年版。
34. 罗宗强，《隋唐五代文学思想史》，中华书局，2011年版。
35. 姚平，《唐代妇女的生命历程》，上海古籍出版社，2006年版。
36. 卞孝萱、卞敏，《刘禹锡评传》，南京大学出版社，2011年版。
37. 吴伟斌，《元稹评传》，河南人民出版社，2008年版。
38. 郭绍林，《唐代士大夫与佛教》，河南大学出版社，1987年版。
39. 刘航，《中唐诗歌嬗变的民俗观照》，学苑出版社，2007年版。
40. 戴伟华，《唐代使府与文学研究》。
41. (英) 崔瑞德/编，《剑桥中国隋唐史》，中国社会科学出版社，2007年版。
42. 赤井益久，《中唐文人之文艺及其世界》，中华书局，2014年版。
43. 段塔丽，《唐代妇女地位研究》，人民出版社，2001年版。
44. 蒋星煜，《中国隐士与中国文化》，上海人民出版社，2009年版。
45. (宋) 计有功，《唐诗纪事》，(上下) 上海古籍出版社，2013年版。
46. 钱穆，《中国历史精神》，九州出版社，2014年版。
47. 钱穆，《中国思想史》，九州出版社，2012年版。
48. 黄嫣梨、吴锡河，《断肠芳草远：朱淑真传》，2001年版。
49. 梁乙真，《中国妇女文学史纲》，上海书店，1990年版。
50. 葛承雍，《女性与盛唐气象》，安徽人民出版社，2013年版。

51. 龚鹏程，《唐代思潮》，商务印书馆，2007年版。
52. 李泽厚，《美的历程》，天津社会科学院出版社，2001年版。
53. 李斌城、李锦绣、张泽咸、吴丽娱、冻国栋、黄正建，《隋唐五代社会生活史》，中国社会科学出版社，2004年版。
54. 罗宏才，《中国时尚文化史》，山东画报出版社，2011年版。

图书在版编目（CIP）数据

大唐孔雀：薛涛和文青的中唐／寇研著．—北京：北京大学出版社，2015.1

（沙发图书馆）

ISBN 978-7-301-25092-1

Ⅰ.①大… Ⅱ.①寇… Ⅲ.①薛涛（770～832）-传记 Ⅳ.①K825.6

中国版本图书馆CIP数据核字（2014）第277336号

书　　　名：	大唐孔雀——薛涛和文青的中唐
著作责任者：	寇　研　著
责 任 编 辑：	王立刚
标 准 书 号：	ISBN 978-7-301-25092-1/K·1704
出 版 发 行：	北京大学出版社
地　　　址：	北京市海淀区成府路205号　100871
网　　　址：	http://www.pup.cn　新浪微博：@北京大学出版社
电 子 信 箱：	sofabook@163.com
电　　　话：	邮购部 62752015　发行部 62750672
	编辑部 62755217　出版部 62754962
印　刷　者：	北京中科印刷有限公司
经　销　者：	新华书店
	880毫米×1230毫米　A5　8印张　100千字
	2015年1月第1版　2015年1月第1次印刷
定　　　价：	35.00元

未经许可，不得以任何方式复制或抄袭本书之部分或全部内容。
版权所有，侵权必究
举报电话：010-62752024　电子信箱：fd@pup.pku.edu.cn